Christian Gündling

Direktmarketing im B 2 B

Christian Gündling

Direktmarketing B 2 B

© 2002 Alle Rechte vorbehalten

RKW - Verlag

Düsseldorfer Straße 40
65760 Eschborn

RKW-Nr. 1441
ISBN 3-89664-188-4

Layout: RKW, Eschborn
Druck: Druck Partner Rübelmann, Hemsbach

Inhaltsverzeichnis

1	**Konzeption und Grundlagen**	**9**
1.1	Die Bedeutung des Direktmarketing für den Vertrieb industrieller Güter und Dienstleistungen	9
1.2	Arbeitsanleitung und inhaltliches Konzept	10
1.3	Instrumente des Direktmarketing im B2B	11
1.4	Vorteile des Direktmarketing im B2B	13
1.5	Was in der erfolgreichen Direktwerbung vermieden werden sollte	14
1.6	Wie ein Direktmarketingkonzept entwickelt wird.	15
2	**Grundlagen der Kommunikation im B2B**	**18**
3	**Kundendatenbank**	**21**
3.1	Ein Kostentreiber?	21
3.2	Vorteile einer zentralen Kundendatenbank	22
3.3	Aufbau einer Kundendatenbank	23
3.4	Pflege der Kundendaten	28
4	**Adressmanagement**	**30**
4.1	Grundlagen	30
4.2	Möglichkeiten der Adressbeschaffung	31
4.2.1	Gewinnung durch eigene Aktivitäten	31
4.2.2	Adressen aus elektronischen Telefonverzeichnissen	32
4.2.3	Adressen von IHKs, Handelskammern und Verbänden	33
4.2.4	Adressbeschaffung über einen Adressverlag	34
4.2.5	Listbrokeradressen	35
4.2.6	Direkt-Fremdmiete/ Direkt-Tausch	37
4.3	Qualität der Adressen	37
4.4	Selektionsmöglichkeiten	38
4.5	Preise und Mietbedingungen	41
4.6	Ablauf einer Adressbeschaffung	43

5	**Zielsetzung, Response und Erfolgskontrolle**	**45**
5.1	Planung des Erfolges	45
5.1.1	Zielsetzung	45
5.1.2	Codierung und Tests	47
5.1.3	Vorbereitung auf Response	48
5.2	Responseelemente	49
5.2.1	Grundsätzliches	49
5.2.2	Postalische oder Faxdialoginstrumente	50
5.2.3	Telefonische Responseinstrumente	51
5.2.4	Internetbasierte-Responseelemente	53
5.3	Möglichkeiten der Erfolgsmessung	55
5.3.1	Die Responsequote	55
5.3.2	Den Erfolg vorhersagen: Die Halbwertzeit	56
5.3.3	Cost per Order und Cost per Interest	57
5.3.4	Break-Even-Point	58
5.3.5	Customer Lifetime Value	59
6	**Die besten Direktmarketinginstrumente im B2B**	**60**
6.1	Anzeigen in Fachzeitschriften	60
6.1.1	Mögliche Zielsetzungen und Einsatzgebiete von Anzeigen	60
6.1.2	Auswahl der richtigen Fachzeitschrift	61
6.1.3	Darstellung und Gestaltung	70
6.1.3.1	Die Bedeutung des Bildes und der Überschrift	70
6.1.3.2	Weitere Gestaltungstechniken	72
6.1.3.3	Anzeigengröße, –platzierung und -schaltung	73
6.1.4	Responseelemente in Fachanzeigen	75
6.2	Mailing	76
6.2.1	Erfolgsfaktoren einer Mailing Aktion	76
6.2.2	Gestaltung der einzelnen Mailingbestandteile	77
6.2.2.1	Die Bestandteile eines Mailings	77
6.2.2.2	Der erste Eindruck: Das Kuvert	78
6.2.2.3	Die Gesprächseröffnung: Das Anschreiben	79
6.2.2.4	Der Verkäufer: Der Prospekt, der Katalog	86
6.2.2.5	Das Responseelement	87
6.2.3	Weitere Verstärker und Mittel zur Response-Steigerung	88

6.3	Telefonmarketing	91
6.3.1	Entwicklung einer Telefonmarketing-Konzeption in 5 Schritten	92
6.3.2	Entwicklung eines Telefonskriptes	94
6.4	**Internetbasiertes Direktmarekting**	**99**
6.4.1	Besonderheiten des WorldWideWeb (www) als Direktwerbeinstrument im B2B	99
6.4.2	E-Mail und E-Mail-Newsletter	100

Literaturverzeichnis   **103**

1 Konzeption und Grundlagen

1.1 Die Bedeutung des Direktmarketing für den Vertrieb industrieller Güter und Dienstleistungen

Dieses Buch richtet sich an Unternehmen, deren Kunden Hersteller (z. B. Maschinenbau), Zwischenhändler (Großhandel und Einzelhandel) oder Endverwerter (Handwerker) im B2B sind.

Gerade industrielle Märkte sind durch zunehmenden Wettbewerb und gestiegene Erwartungen der Kunden gekennzeichnet. Die Märkte sind gesättigt, die Produkte austauschbar, das einzige Marketinginstrument scheint der Preis zu sein. Ehemals langfristig stabile Kundenbeziehungen werden zunehmend infrage gestellt. Die Neukundengewinnung wird für die Unternehmen immer bedeutender. Gerade dies ist aber auch Intention der Wettbewerber. Der Erfolg der Neukundengewinnung ist deshalb u. a. davon abhängig

- wie professionell die hierzu notwendige Werbung durchgeführt wird und
- inwieweit dies effektiver und effizienter im Vergleich zu den Wettbewerbern

geschieht. Dies gilt aber auch für alle werblichen Maßnahmen, die der Kundenbindung dienen.

Bei der heutzutage vorherrschenden Informationsüberlastung können von umworbenen Kunden nicht mehr alle Informationen wahrgenommen und verarbeitet werden. Die durchschnittliche Betrachtungszeit einer Anzeige in einer Fachzeitschrift beträgt z. B. nur 3 bis 5 Sekunden. Eine erfolgreiche Werbung muss sich daher von der Masse abheben, um überhaupt beachtet zu werden. Zudem muss eine Ansprache gewählt werden, durch die die umworbenen Kunden die individuellen Leistungen des Unternehmens von ähnlichen Angeboten der Wettbewerber unterscheiden können.

Der professionelle Einsatz von Direktmarketinginstrumenten hilft Unternehmen, sich im Wettbewerb zu behaupten.

Der Einsatz von Direktmarketinginstrumenten sollte daher immer dann in Betracht gezogen werden, wenn eines der folgenden Ziele erreicht werden soll:

- Gewinnung neuer Kunden
- Verkauf von Produkten und/oder Dienstleistungen
- Bindung der bestehenden Kunden
- Senkung der Vertriebskosten

Dieses Buch zeigt auf, welches Direktmarketinginstrument zur Erreichung des jeweiligen Zieles das Beste ist und wie dieses mit einfachsten Mitteln selbst entwickelt und in der Praxis eingesetzt werden kann. Zahlreiche Beispiele illustrieren die Ausführungen.

Für eine kritische Würdigung, ein Feedback Ihrer Erfahrungen und für Rückfragen stehe ich selbstverständlich immer zur Verfügung:

Prof. Christian Gündling

1.2 Arbeitsanleitung und inhaltliches Konzept

Im folgenden Kapitel wird kurz dargestellt, was Direktmarketing überhaupt ist. Danach werden die Vorteile des Direktmarketing herausgearbeitet. Anschließend wird kurz auf Maßnahmen und Aktionen eingegangen, die man in der Praxis vermeiden sollte.

Fast jedes Unternehmen hat sich schon einmal am Einsatz von Direktmarketinginstrumenten versucht und dabei eine große Pleite erlebt. Die Ursachen hierfür liegen in einem grundsätzlich falschen Verständnis von Direktmarketing. Deshalb werden im Abschnitt 1.6 die einzelnen Schritte zur Erstellung einer Direktmarketing-Konzeption vorgestellt.

Direktmarketing bedeutet zunächst einmal Kommunikation. Die wichtigsten Aspekte der Kommunikation im B2B, die für den Einsatz von Direktmarketinginstrumenten von Bedeutung sind, werden kurz in Kapitel 2 vorgestellt.

Wer dauerhaft mit seinen Kunden kommunizieren möchte, der kommt nicht umhin, eine Kundendatenbank aufzubauen. Mit diesem Thema setzt sich das Kapitel 3 auseinander. Daran schließt sich ein ausführliches Kapitel rund um die Adresse an.

In Kapitel 5 werden die Themen Planung des Erfolges, Responseelemente und Möglichkeiten der Erfolgsmessung diskutiert.

In den letzten Kapiteln werden die für die B2B-Kommunikation wichtigsten Direktmarketinginstrumente, die Fachanzeige, das Mailing, die E-Mail und das Telefonmarketing vorgestellt.

Im Interesse der Lesbarkeit wird auf eine umfangreiche Zitierung verzichtet. Im Anhang findet sich aber ein ausführliches, kapitelweise aufgebautes Literaturverzeichnis.

1.3 Instrumente des Direktmarketing im B2B

Unter Direktmarketing versteht man den Einsatz von Werbeinstrumenten, mit denen die potenziellen Kunden direkt angesprochen werden und/ oder ihnen die Möglichkeit der Antwort/ des Response gegeben wird.
Die Instrumente des Direktmarketing werden in die sogenannten Direktwerbe- und die klassischen Instrumente unterschieden. Zu den Direktwerbeinstrumenten gehören die folgenden[1]:

Mailing, Werbebrief: adressiertes (und personalisiertes) Schreiben

Dieses kann aus einem Kuvert, einem Anschreiben, einem Katalog/ Prospekt und einem Antwort-Element bestehen.

Fax: ebenfalls adressiert (und personalisiert)

Der Einsatz dieses Instrumentes ist im B2B nur dann erlaubt, wenn das ausdrückliche Einverständnis des Empfängers vorliegt oder dieses vermutet werden kann. Deshalb sollte das Fax nur bei bestehenden Kunden eingesetzt werden.

---

[1] Diese Darstellung erhebt keinen Anspruch auf Vollständigkeit. Es werden die Instrumente und ihre Ausprägungen dargestellt, die für das B2B-Direktmarketing von Bedeutung sind. Im Sinne der Praxisnähe dieses Buches wird auf eine ausführlichere und wissenschaftlich korrektere Darstellung verzichtet.

Hauswurfsendungen/ Postfachbeilagen: nichtadressierte Form der Werbung

Hauswurfsendungen haben im B2B eigentlich gar keine Bedeutung. Ausnahmen hiervon bilden die Beilagen in den Postfächern. Diese eignen sich aber nur dann, wenn für Produkte oder Lösungen geworben wird, die für fast jedes Unternehmen, das über ein Postfach verfügt, auch von Nutzen sind. Hierzu gehören z. B. Büromaterialien. In diesem Buch wird dieses Instrument jedoch nicht weiter behandelt.

Telefonmarketing: der Anruf bei einem potenziellen Kunden.

Während im Privatkundengeschäft das Telefon nur bei ausdrücklichem Einverständnis des (potenziellen) Kunden eingesetzt werden darf, genügt im B2B das vermutete Einverständnis.

E-Mail: elektronische Form des Briefes

Die E-Mail kann als Werbebrief, aber auch als sogenannter Kundennewsletter eingesetzt werden.

Zu den klassischen Instrumenten zählen insbesondere auch die Folgenden:

Anzeigen: klassische Form der Werbung im B2B

Anzeigen zählen dann zu den Direktmarketing-Instrumenten, wenn diese die konkrete Aufforderung an den Leser enthalten, mit dem Unternehmen in Kontakt zu treten - z. B. um weiteres Informationsmaterial zu bestellen. Im B2B werden Anzeigen meistens in Fachzeitschriften geschaltet, aber auch in sogenannten Wirtschaftstiteln (z. B. Wirtschaftswoche) oder der regionalen und überregionalen Tagespresse.

Beilagen: selbständiges Werbemittel in Pressemedien

Gegenüber Anzeigen haben Beilagen den Vorteil, dass hierüber viel mehr Informationen transportiert werden können. Abwicklungstechnisch werden diese wie Anzeigen gehandhabt.

1.4 Vorteile des Direktmarketing im B2B

Neben zahlreichen anderen sind für die B2B-Werbung insbesondere folgende Vorteile des Direktmarketing zu nennen:

Der Kunde kann persönlich angesprochen werden

Mit zahlreichen Direktmarketinginstrumenten – wie z. B. dem Mailing, dem Fax, dem Anruf oder der E-Mail – kann der Kunde persönlich angesprochen werden. Ausschließlich Direktmarketinginstrumente können eine Vertriebskraft (wenigstens zum Teil) ersetzen.

Messbarkeit

An der Rücklauf-Quote, der sogenannten Responsequote, lässt sich der Erfolg einer Direktmarketing-Aktion genau fest machen. Dies können Bestellungen, Kataloganforderungen, Gutscheineinlösungen, Anfragen usw. sein.

Kundenindividuell einsetzbar

Für jedes noch so kleine oder große Segment kann das beste Instrument ausgewählt und eine individuelle Nutzenansprache mit speziellen Argumenten entwickelt werden. Auch der Kreativität sind so gut wie keine Grenzen gesetzt. Materialmuster können mit einem Mailing gleich mitgeschickt werden - ebenso kann eine selbstablaufende Anwendungspräsentation mit einer E-Mail versandt werden.

Kostengünstig und auch bei kleineren Werbebudgets wirksam

Wenn Direktmarketing strategisch fundiert durchgeführt wird, also den richtigen Kunden das richtige Informationsangebot gemacht wird, bewegen sich die Kontaktkosten bei wenigen Cent bis zu wenigen €. Dies resultiert daraus, dass sogenannte Streuverluste vermieden werden, also Kunden eine Botschaft erhalten, die für diese überhaupt keine Bedeutung hat. Zudem können viele Aktivitäten mit kleinsten Budgets initiiert werden. Mit nur € 500 ist es möglich, 500 Kunden direkt zu erreichen. Gerade im B2B ein unschätzbarer Vorteil.

Die eigene Aktivität entzieht sich der Kenntnis des Wettbewerbers

Mittelständische Unternehmen genießen im Rahmen des Direktmarketing eher den stillen Erfolg. Beim Einsatz von Direktmarketing-Instrumenten weiß niemand, wann, bei wem und wie oft geworben wurde. Insbesondere nicht der Wettbewerber.

1.5 Was in der erfolgreichen Direktwerbung vermieden werden sollte

Fallweiser, ungeplanter Einsatz eines Direktmarketinginstrumentes

Das relativ einfache Handling von Direktmarketinginstrumenten verführt in der Praxis oft zu einem fallweisen und ungeplanten Einsatz. Ohne eindeutige Definition der Zielsetzung werden z. B. Mailings entwickelt und unabhängig von Zielgruppen an alle Kunden versendet mit dem Ergebnis einer niederschmetternden Responsequote. Man könnte diesen Punkt auch mit "fehlendem Konzept" überschreiben.

Keinen Kundennutzen kommuniziert

Der Nutzen, für den der Kunde bereit ist, Geld auszugeben, wird viel zu wenig transportiert. Insbesondere die individuellen Erwartungen bestimmter Segmente und Kundengruppen werden nur unzureichend angesprochen. Mit Allgemeinplätzen lässt sich im B2B aber nur wenig Erfolg generieren.

Falscher Zeitpunkt gewählt

Einer der wichtigsten Erfolgsfaktoren von Direktmarketingmaßnahmen ist die Wahl des richtigen Aktions-Zeitpunktes.

Schlechte Adressqualität

Mit der Qualität der Adressen entscheidet sich der Erfolg von Direktmarketingaktionen zu mehr als 50 Prozent. Zahlreiche Untersuchungen zeigen, dass insbesondere in mittelständischen Unternehmen im B2B der eigene Adressstamm eine mangelhafte bis ungenügende Qualität aufweist. Die Fehlerquote durch Dubletten, falsche postalische Angaben, ungenaue Zuordnungen, fehlende Ansprechpartner liegt bei bis zu 90 Prozent. Das heißt aber, dass in diesem Grenzbereich nur 10 Prozent der bearbeiteten Adressen überhaupt eine Chance auf einen positiven Response haben.

Fehlende Personalisierung oder falsche Anrede

Aufgrund unzureichender Adressqualität oder aber um ganz simpel Kosten zu sparen, werden viele Mailings an "Sehr geehrte Damen und Herren" versandt oder an Herrn Meier, statt Herrn Maier. Die Konsequenz: Solche Mailings landen wesentlich öfter ungelesen im Papierkorb als die, die sich an eine Person (mit richtig geschriebenem Namen und Titel) richten. Die anfänglich eingesparten Kosten der Adressgewinnung führen somit im Nachhinein zu einer Kostenexplosion.

Die o.a. Punkte sind die schwerwiegendsten Fehler, die man im Direktmarketing machen kann bzw. die vielen Unternehmen in der Vergangenheit unterlaufen sind. Diese Fehler können am besten dadurch vermieden werden, dass vor Aktionsstart ein detailliertes Direktmarketing-Konzept entwickelt wird.

1.6 Wie ein Direktmarketingkonzept entwickelt wird.

Ein Direktmarketingkonzept wird in 6 Schritten entwickelt:

Schritt 1: Was soll erreicht werden? (Zielsetzung)

Vor Beginn jeder Direktmarketing-Aktion muss festgelegt werden, welches Ziel erreicht werden soll. Eine Anzeige ohne genaue Zielsetzung zu schalten, wäre gleichbedeutend damit, sich in sein Auto zu setzen und los zu fahren ohne zu wissen wohin.

Mögliche Zielsetzungen sind in der folgenden Tabelle 1 festgehalten. Das Ziel wird zunächst qualitativ (Was will ich erreichen?) und im zweiten Schritt quantitativ (Wieviel will ich erreichen?) beschrieben.

```
☐ Gewinnung (potenzieller) Kunden (Mehrfachantworten möglich)
   ☐ Ausschöpfung bekannter Segmente   ☐ Erschließung neuer Segmente
   ☐ Kataloganforderung                ☐ weitere Informationen
   ☐ telefonische Kontaktaufnahme      ☐ Außendienstbesuch
   ☐ Einladung zur Messe               ☐ Einladung zu _____
   ☐ _____             ☐ _____

☐ Bindung (potenzieller) Kunden (Mehrfachantworten möglich)
   ☐ gezieltes Kaufangebot             ☐ Nutzung des Cross-Selling-Potentials
   ☐ Kataloganforderung                ☐ weitere Informationen
   ☐ telefonische Kontaktaufnahme      ☐ Außendienstbesuch
   ☐ Reaktivierung
   ☐ Einladung zur Messe               ☐ Einladung zu _____
   ☐ _____             ☐ _____

☐ weitere mögliche Zielsetzungen
   ☐ Außendienstunterstützung          ☐ Händlerunterstützung
   ☐ Marktforschung                    ☐ Umfrage zur Zufriedenheit
   ☐ Informationen an bestimmte Gruppen (Meinungsbildner)
   ☐ _____             ☐ _____
```

Tabelle 1: Zielsetzung

Tipp: Es ist nicht sinnvoll, in einer Aktion sowohl (potenzielle) Kunden zu gewinnen und gleichzeitig bestehende zu binden.

Aus der Definition der Zielsetzung lässt sich dann auch ableiten, ob man eine einstufige oder eine mehrstufige Direktmarketingaktion durchführen sollte. Bei einer einstufigen Aktion wird das Ziel mit dem Einsatz nur eines Instrumentes erreicht. Dies kann z. B. der Verkauf von Zubehör sein. Den Kunden wird ein Mailing mit einem Prospekt zugesandt. Mithilfe eines beigelegten Bestellscheines kann dann direkt bestellt werden.

Bei einer mehrstufigen Aktion werden mindestens zwei Direktmarketinginstrumente hintereinander eingesetzt. Zur Gewinnung von Neukunden wird beispielsweise in einer Fachzeitschrift eine Anzeige geschaltet. Eine Woche nachdem den Interessenten das bestellte Informationsmaterial zugesandt wurde, werden diese in einer zweiten Stufe telefonisch kontaktiert. Hier einige mögliche Zielsetzungen einer Direktmarketingaktion am Beispiel eines Werkzeughandels (keine Verbrauchsmaterialien) mit eigenem Außendienst in Baden-Württemberg. Kunden: Holz-Industrie mit 1 bis 100 Beschäftigten:

- Gewinnung (potenzieller) Kunden (200 - 250) aus Rheinland-Pfalz mit einem befristeten Sonderangebot "Bohrmaschine"
- Verkauf von HSS-Holzbohrern an 20 % der aktiven Kunden
- Umfrage bei allen Interessenten zur Zufriedenheit mit den Verkaufsunterlagen
- Einladung der in den letzten 12 Monaten nicht aktiven Kunden zur Hausmesse
- Einladung der in den letzten 12 Monaten aktiven Kunden zur Hausmesse
- Ankündigung des neuen Angebots an Verbrauchsmaterialien mit der Möglichkeit einer Kataloganforderung oder einer persönlichen Präsentation des neuen Programms durch den zuständigen Außendienstmitarbeiter

Schritt 2:
Wer soll erreicht/ angesprochen werden? (Zielgruppe/ Segment)

Je genauer, je enger die Kriterien zur Definition des Segmentes gefasst werden, desto höher ist die Erfolgswahrscheinlichkeit.

Die Wirksamkeit einer Direktmarketingaktion kann mit der Wirkung der Sonneenergie verglichen werden. Die Sonne an sich strahlt mit hoher Energie auf die Erde. Doch mit genügend Sonnenschutz und einem Hut ausgerüstet, kann der Mensch lange in der Sonne verweilen, ohne dass seiner Haut etwas passiert. Die Sonnenenergie streut zu weit. Wird dagegen die gleiche Energie durch Glas gebündelt und auf die menschliche Haut gelenkt, beginnt diese sofort zu verbrennen. Gleiches gilt auch für ein Mailing. Ein Mailing an alle Entscheider von Unternehmen aller Branchen streut breit - die Energie wird verschwendet. Das Mailing an ein eng definiertes Segment (z. B. Geschäftsführer einer bestimmten Branche) konzentriert die Energie und erhöht damit die Erfolgsquote.

Wenn eigene Kunden erreicht werden sollen, bieten sich insbesondere Mailings oder eine Telefonmarketingaktion an. Sollen neue Kunden aus einem bestimmten Segment gewonnen werden, kann hingegen die Anzeige in einer entsprechenden Fachzeitschrift genau das richtige Instrument sein.

Schritt 3: Wann soll die Zielgruppe erreicht werden? (Zeitpunkt)

Das Produkt, das Informationsangebot bestimmt, ob eine saisonale Abhängigkeit oder ob eine freie Wahl des Timings besteht. (Falsch wäre: Lebkuchen im Januar anzubieten).

Von dem optimalen Zeitpunkt ist u. a. auch abhängig, welches Werbeinstrument eingesetzt wird. Wenn kurzfristig, also innerhalb von wenigen Tagen, eine bestimmte Zielgruppe über ein bestimmtes Thema informiert werden soll, kommt eine Anzeige nicht in Frage. Wenn innerhalb weniger Stunden eine große Anzahl Kunden informiert werden muss, bleiben nur das Telefonmarketing bzw. die E-Mail.

Schritt 4: Was soll mitgeteilt werden? (Informationsangebot)

Das Informationsangebot hängt von der Botschaft ab, die den Empfänger erreichen soll. Dieser wird ein Mailing z. B. nur dann lesen und verstehen, wenn es ihn interessiert oder anders gesagt, wenn er damit rechnet, durch die Investition des Lesens einen Vorteil zu erlangen.

Damit stellt sich die Frage, in welcher Form diese Information am besten transportiert werden kann. In einem Mailing können wesentlich mehr Informationen transportiert werden als mit einer Anzeige. In einem Telefonat können hingegen Bedenken, Einwände unmittelbar und damit besser ausgeräumt werden als in schriftlichen Werbemitteln.

Schritt 5:
Welche Werbemittel sollen eingesetzt werden? (Instrumente)

Aufgrund der dargestellten, vorangegangenen Schritte ergibt sich sich automatisch, welche Werbeinstrumente sinnvollerweise eingesetzt werden können oder müssen.

Schritt 6: Welche Form soll gewählt werden? (Layout)

Natürlich beeinflusst auch die Gestaltung der Werbemittel den Erfolg. Mit welchen Bildern, welchen Headlines lässt sich die Information am besten transportieren? Kann auf vorhandenes Material – z. B. früher geschaltete Anzeigen – zurückgegriffen werden?

2 Grundlagen der Kommunikation im B2B

Werbung im Business to Business soll gezielt Fachleute ansprechen. Diese Fachleute werden in privaten und in beruflichen Situationen mit Informationen aus den verschiedensten Medienkanälen überschüttet. Besonders in gesättigten Märkten mit weitestgehend austauschbaren Produkten ist die Konkurrenzsituation verschärft. Um in diesem Umfeld überhaupt eine Werbewirkung zu erreichen, müssen drei Bedingungen erfüllt werden:

- Die Werbung muss wahrgenommen werden
- Die Werbebotschaft muss aufgenommen, verstanden und behalten werden
- Das Unternehmen, das Produkt bzw. die Marke muss unmittelbar mit der beworbenen Leistung in Verbindung gebracht werden

In der B2B-Kommunikation sind einige Besonderheiten zu beachten: Wenn komplexe oder nicht routinemäßige Kaufentscheidungen anstehen, werden sämtliche zugängliche Informationsquellen aktiv durchsucht. Sucht ein Unternehmen z. B. einen neuen Hubwagen, dann werden Anzeigen, Mailings usw. von Hubwagen-Herstellern und Händlern interessiert wahrgenommen und auf ihre Relevanz für die Problemlösung überprüft. Wenn die beworbene Leistung dem Suchschlüssel entspricht, bleibt sie gespeichert und dient unmittelbar dem Problemlösungsprozess. Andernfalls wird sie als ‚unwichtig' deklariert und aus dem Gedächtnis gelöscht bzw. durch die neu hinzukommende Informationsflut schnell verdrängt.

Grundsätzlich wenig Aufmerksamkeit erfährt Werbung im Rahmen von Standardentscheidungen bzw. wenn keine komplexen oder nicht routinemäßigen Kaufentscheidungen anstehen. Der Entscheider benötigt keine neue Informationen und sucht diese auch nicht. Dabei wäre gerade zu diesem Zeitpunkt eine Beachtung wünschenswert. Der Termindruck für das Fällen der nächsten schwerwiegenden Entscheidung ist stark abgesunken und so können auch Informationen, die nicht bestimmten Zielvorgaben entsprechen müssen, verarbeitet werden. Sie können langfristig gespeichert werden und die nächste Entscheidung für das werbende Unternehmen positiv beeinflussen.

Damit die Werbung in dieser Phase überhaupt Beachtung erfahren kann, muss das Interesse des Individuums geweckt und auf die Botschaft gelenkt werden. Dies kann u. a. dadurch erreicht werden, indem die Ansprache auf die Bedürfnisse der jeweiligen Kundengruppe abgestimmt ist.

Tipp:
Bevor eine Werbemaßnahme eingeleitet wird, muss sich das werbende Unternehmen über das Entscheidungsverhalten der Zielgruppe und deren Informationsbedarf bewusst werden.

Das Erfassen eines sichtbaren Feldes, z. B. einer Anzeige oder eines Mailings, erfolgt nicht in einer Gesamtaufnahme, sondern aus zusammengefügten Stichproben. Diese Stichproben, bei denen lediglich ein kleiner Teil des Sichtfeldes erfasst wird, nennt man Fixation. In dieser Stellung verweilt das Auge für ca. 200 – 400 ms. Während dieser Zeit werden die Informationen aus dem fokussierten Bildausschnitt im schnellen Ultrakurzzeitspeicher gepuffert und ggf. im Kurzzeit- und Langzeitspeicher weiter verarbeitet bzw. "gelagert", d.h., nur wenn das Auge einen Punkt fokussiert hat, werden Informationen durch das visuelle System aufgenommen.

Tipp:
Gute Direktwerbung zeichnet sich dadurch aus, dass diese dem Auge Fixationspunkte "liefert". Dies können Bilder, Graphiken, Farben, Überschriften oder Hervorhebungen in Texten sein.

Erscheinen dem Beworbenen die Informationen als wichtig, so werden diese in den Langzeitspeicher transferiert. Sie stehen dem Individuum als Wissen zur Verfügung. Dieses Wissen wird vom menschlichen Gehirn in bildliches und verbales Material getrennt und auf unterschiedliche Weise abgespeichert. Für das bildliche Material steht eine große Speicherkapazität zur Verfügung. Die Übertragung vom Kurzzeitgedächtnis in das Langzeitgedächtnis erfolgt dabei kontinuierlich und ohne komplexe Lern- und Organisationsprozesse. Bilder gelten als ‚schnelle Schüsse ins Gehirn'. Sie werden weitestgehend automatisch aufgenommen und mit geringer Anstrengung und Kontrolle verarbeitet. Das heißt, dass viele bildliche Informationen aufgenommen werden, aber aufgrund des fehlenden Organisationsprinzips eine gezielte Reproduktion der Bilder aus dem Langzeitgedächtnis sehr schwierig ist. Für diesen Vorgang spielen verbale Prozesse eine wesentliche Rolle, bei denen die eingehenden Wahrnehmungsinhalte derart im Langzeitgedächtnis abgelegt werden, dass sie später wieder abgerufen werden können. Durch diesen Aufhänger kann das Gehirn gespeicherte Informationen und damit in Zusammenhang gebrachtes bildliches Material aus dem Langzeitgedächtnis abrufen und reproduzieren.

3 Kundendatenbank

3.1 Ein Kostentreiber?

Voraussetzung für effizientes Direktmarketing für industrielle Güter und Dienstleistungen ist eine Kundendatenbank. In der Kundendatenbank werden abhängig vom Spezialisierungsgrad alle relevanten Informationen über

- Kunden und Nicht-Kunden (und ihrem ökonomischen Wert für das Unternehmen),
- Aktionen und Reaktionen des Kunden und des Unternehmens (z. B. Anfrage/ Angebot – Anzeige/ Coupon-Einsendung/ Außendienstbesuch)
- Produkte und Dienstleistungen (vorhandene und Entwicklungen)

festgehalten.

Die Kundendatenbank – auch Database genannt - ist somit eine systematische Sammlung und Speicherung von kundenbezogenen Informationen. Sie bildet die Vorrausetzung für jede zielgruppenspezifische, zielgenaue und kundenindividuelle Kommunikation. Die Notwendigkeit einer Kundendatenbank soll das folgende Beispiel aus der Praxis aufzeigen:

Adressen in einer Datenbank eines Handelshauses "Technischer Vertrieb":

> 4878 Datensätze mit Kontaktpersonen gespeichert
> - davon waren 2078 Personen zwei- oder mehrmals gespeichert
> - tatsächlich gibt es also nur 2078 Personen, 2800 Datensätze sind redundant

Wenn alle Kontaktpersonen mit einem Mailing angeschrieben werden, z. B. zu Weihnachten, würden 2078 Kontaktpersonen zwei oder mehr Weihnachtsgrüße von ein und demselben Unternehmen erhalten.

Die Beratungspraxis sowie zahlreiche wissenschaftliche Untersuchungen zeigen, dass dieses Beispiel kein Einzelfall ist. Nach Erfahrungen des Autors sind mindestens ein Drittel aller Daten einer Datenbank Klein- und mittelständischer Unternehmen im B2B unbrauchbar, weil veraltet, einfach falsch oder als Dublette vorhanden. Solche Kundendatenbanken gehören zu den größten Kostentreibern eines Unternehmens.

3.2 Vorteile einer zentralen Kundendatenbank

Die Erfolgswirkungen einer zentralen Kundendatenbank sind in erster Linie folgende:

Neukundengewinnung, Kundenbindung und Kundenorientierung

Die Daten einer Kundendatenbank ermöglichen eine individuelle Erfüllung von Kundenwünschen, die individuelle Ansprache der potenziellen Kunden, kundenbezogene Informationsangebote und Präsentationen. Diese wiederum bewirken eine optimierte Pflege insbesondere derjenigen Kunden, die einen hohen Wert für das Unternehmen haben.

Anfragen können schneller beantwortet und Aufträge schneller bearbeitet werden. Im Ersatzgeschäft, den After-Sales-Services oder durch das Angebot zusätzlicher Dienstleistungen eröffnen sich neue Ertragspotenziale.

Vertriebsorganisation

Da die Streuverluste reduziert und die Marktbearbeitungsaktivitäten des Unternehmens besser fokussiert werden, kann sich der Außendienst auf die wirklich lukrativen Kunden konzentrieren. B- und C-Kunden können mit Mailings oder Telefonmarketingaktionen betreut werden. Im Tagesgeschäft kann der Vertrieb zudem durch den Innendienst aktiver unterstützt werden (z. B. bei der Qualifizierung einer Anfrage oder bei der Angebotsverfolgung). Ein weiterer Vorteil besteht darin, dass bei einem Mitarbeiterwechsel das Wissen im Unternehmen bleibt, ein unschätzbarer Vorteil - gerade bei Mitarbeiterfluktuation im Außendienst

Kostensenkung, Erlössteigerung und Rentabilitätssteigerung

Die Konzentration auf die wirklich lukrativen Kunden und die Vermeidung von Streuverlusten führt zu drastischen Einsparungen im Unternehmen. Die Außendienst-, Werbungs- und Kommunikationskosten im Allgemeinen wie auch die Distributionskosten (z. B. Logistik) können deutlich gesenkt werden. Zunehmende Automatisierung, wie z. B. das selbständige Auslösen von Angebotsfaxen oder Bestätigungs-E-Mails führt zu Kosteneinsparungen. Darüber hinaus steigen die Erlöse aufgrund geringerer Kundenverluste, Mengensteigerungen im Verkauf pro Kunde sowie realisierter Cross-Selling-Potenziale.

Unterschiedliche Datenbestände und Systeme werden zu einer Einheit zusammengefasst. Die Daten müssen nur noch einmal erfasst, gepflegt und qualifiziert werden. Die Kosten des eingangs beschriebenen Beispiels entstehen daher nicht.

3.3 Aufbau einer Kundendatenbank

Eine Kundendatenbank ist immer auch Abbild der unternehmensindividuellen Situation und muss daher natürlich auch unternehmensindividuell konzipiert und angelegt werden.

Grundsätzlich ist eine Unterscheidung von Adress-, Personen- und Unternehmensdaten immer dann notwendig, wenn mehrere Personen am Einkauf beteiligt sind bzw. Kontakt mit dem eigenen Unternehmen haben oder komplexe Konzernstrukturen und Beziehungshierarchien vorliegen.

Grundsätzlich lassen sich die Inhalte einer Kundendatenbank in die Kategorien Grund-, Potenzial-, Aktions- und Reaktionsdaten einteilen.

Die Grunddaten umfassen

- die Adressdaten wie Name und Anschrift des Unternehmens,
- die Daten der Kontaktpersonen wie Funktion, Kommunikationsdaten usw.,
- administrative Daten wie Vertriebsregion, Geschäftsstelle, Kundennummer usw. und
- marketing-/vertriebsrelevante Daten, die sich zur Kundensegmentierung eignen, also u.a. Branche, Geschäftszweig, Produkt-/Leistungsprogramm, Größe (nach Umsatz oder Mitarbeiterzahl), Bonität, Eigentumsverhältnisse, Unternehmensverflechtungen oder die Struktur und Einflussmerkmale der Mitglieder des Buying Centers

Die Potenzialdaten sollen

- Anhaltspunkte für die produktgruppen- und zeitpunktbezogene Kundennachfrage liefern,
- sich auf die beim Kunden vorhandenen eigenen und Konkurrenzprodukte beziehen und

- eine Potenzialeinschätzung ermöglichen (z. B. abgeleiteter Bedarf eines Werkstoffs aufgrund der Anzahl aufgestellter Maschinen oder Bestimmung des optimalen Angebotszeitpunktes für eine Ersatzmaschine aufgrund der restlichen Vertragslaufzeit z.B. Leasing oder Rest-Nutzungsdauer).

Die Aktionsdaten beschreiben die Aktivitäten, die vom Unternehmen ausgehen, insbesondere

- die Werbehistorie (z.B. Direktwerbeaktionen)
- die Interessenten-/Kundenabwicklung (Auftragsabwicklung, Mahnabwicklung, Reklamationsabwicklung, Vertröstungen) und
- die Warenauslieferung/-abwicklung (Nachlieferung, Nichtlieferungen/ Vertröstungen)

In den Reaktionsdaten

- werden alle denkbaren Reaktionen des Kunden auf die Aktionen des eigenen Unternehmens und des Konkurrenzunternehmens gespeichert. Diese werden in ökonomische und außerökonomische unterschieden:
  - Ökonomische Reaktionsdaten sind Käufe, können aber auch die Deckungsbeitragshöhe (sowohl absolut als auch in Prozent vom Umsatz), die Umsatzhöhe, die Umsatzstruktur, Höhe und Struktur des Auftragseingangs und des Auftragsbestands usw. sein.
  - Außerökonomische Reaktionsdaten können Kundenanfragen beim Unternehmen, Änderungen der Einstellung des Kunden gegenüber dem Unternehmen oder Produkte/Dienstleistungen des Unternehmens sowie Steigerung des Bekanntheitsgrades sein. Sollte ein Kunde das Angebot ablehnen bzw. ignorieren, ist dies selbstverständlich auch eine zu speichernde Reaktion.

Mögliche Felder bzw. Masken einer Kundendatenbank sind in der Tabelle 2 dargestellt. Da jede Kundendatenbank für jedes Unternehmen individuell erstellt werden muss, können für einzelne Datenfelder nur beispielhafte Ausprägungen genannt werden.

Tabelle 2: Mögliche Felder einer Kundendatenbank im B2B
(Quelle: Gündling, Ute, 2001)

muss	kann	relevant (ja/nein)
Adressdaten		
Firmenname		
Gesellschafts-/Rechtsform		
Land	Ländergruppe	
	Bundesland	
Postleitzahl		
Ort		
Straße	Post-, Liefer- und Besuchsadresse	
Postfach	Post-, Liefer- und Besuchsadresse	
Tel.-Nr. Zentrale/ Abteilung		
Telefax Zentrale/ Abteilung		
E-Mail Zentrale/ Abteilung		
Personendaten		
Name		
Vorname		
Titel (Dr., Dipl.-Kfm., Dipl.-Ing. usw.)		
Geschlecht		
Position/Funktion (z. B. Einkaufsleiter, Sachbearbeiter)		
	Führungsebene (z.B.: Vorstand/ Geschäftsführung, Bereichsleiter, Hauptabteilungsleiter usw.)	
Abteilung	Stellvertretung	
Tel.-Nr. Durchwahl/ Abteilung		
Tel.-Nr. Durchwahl/ Abteilung		
Telefax Durchwahl/ Abteilung		
E-Mail		
	bevorzugte Kommunikationsinstrumente (persönliches Gespräch, telefonisches Gespräch, E-Mail ...)	
	Wissenstand/ Fachwissen	
	Informationsverhalten (Leser Fachzeitschrift, Messebesuch usw.)	
	Fachliche Prioritäten	
	kaufentscheidende Merkmale (Preis, Qualität, Image, Service ...)	
	Entscheidungscode (*Vorselektierer, Entscheider, Einkäufer, Verwender, Beeinflusser*)	
	Mobilfunk (insbesondere bei Ansprechpartnern, die viel unterwegs sind und im Hinblick auf zukünftige Mobile-Services)	
	Name Assistenz/ Sekretariat	
	Tel.-Nr. Durchwahl Sekretariat	

Tabelle 2: Fortsetzung

	Interessencode (Naturliebhaber, Sportbegeistert ...)	
	Geburtsdatum	
	Familienstand	
Private Adressdaten		
Unternehmensdaten		
Branchencode (z. B. NACE-Code)		
Status des Kunden (z.B. OEM, Hersteller, GH, EH, Endverbraucher ...)		
Bonitätsdaten • Schufa-/Creditreform-Auskunft • Zahlungsverhalten		
	Anzahl Mitarbeiter • Gesamt • Fachabteilung (z. B. Produktion)	
	Umsatz	
	Produktsortiment	
	Kunden	
	Konzernzugehörigkeit/ Einkaufsbeziehungen	
	periodisch wiederkehrender Bedarf; (Menge) an gelieferten Produkten	
Buying-Center-Daten		
	Namen der Mitarbeiter des Buying-Centers	
	Einflussmöglichkeiten der Personen des Buying-Centers (s. Pepels)	
	Wissenstand	
	fachliche Interessensgebiete	
Preis-/ Produktdaten		
Brutto-Preis		
	Rabattstaffel	
Zahlungsbedingungen		
Kommunikations- und Aktionsdaten		
Adressherkunft/-gewinnung (Datenbankzugang)		
erster Kontakt (Termin, Inhalt)		
letzter Kontakt (Termin, Inhalt)		
nächster Kontakt (Termin, Inhalt)		
Kontakthistorie (Welche Kontakte gab es?)		
Kontaktszenario (Welche Kontakte wird es in Zukunft geben? – z. B. Einladungen zu • Messen (einzelne) • Veranstaltungen (einzelne) • ...)		

Tabelle 2: Fortsetzung

Aktionsart • Weihnachtsgruß • Produktangebot • Messeeinladung		
Aktionsziel • Neukundengewinnung • Cross-Selling		
Kommunikationsinstrument • Mailing • Telefon • Email		
Aktionszeitraum		
Aktionszielgruppe		
Aktionscode		
Kosten		
CPR (Cost per Response)		
CPO (Cost per Order)		
Interessenten/ Kundenabwicklung • Auftragsabwicklung • Mahnabwicklung • Reklamationsabwicklung	• Retourenabwicklung	
Warenauslieferungen • Termin nächste Lieferung • Termin letzte Lieferung	• Teillieferung • Lieferterminverzögerungen • Nichtlieferungen	
Kundenreaktionen und -verhalten		
Aufträge/ Bestellverhalten • Bestellweg (Telefonisch, Fax, Außendienst, E-Mail usw.) • Bestellhistorie (Datum, Nettoumsatz, DB, Produkt/ Produktgruppe) • Anzahl Aufträge (gesamt/ im Zeitraum) • Durchschnittsumsätze/ -DB'e • Reklamationen	• erster Auftrag (Termin, Inhalt) • letzter Auftrag (Termin/ Inhalt) • Anzahl Aufträge (gesamt/ im Zeitraum) • Retouren	
Zahlungsverhalten • Rechnung/ Nachnahme/ KK • Mahnstufe		

3.4 Pflege der Kundendaten

Bis zu zwei Drittel der in der Datenbank gespeicherten Grunddaten, also Adressdaten, sind entweder falsch oder liegen als Dubletten vor. Positiv ausgedrückt: Nur ein Drittel der Daten kann für Direktwerbung unter Effizienzgesichtspunkten eingesetzt werden.

Das beste Konzept zur Speicherung von Kundendaten ist aber so gut wie wertlos, wenn die Daten schlecht oder gar nicht gepflegt werden. Denn ohne Pflege verliert die Datenbank ihre Aktualität und damit die Akzeptanz bei den Anwendern. Die nachfolgenden Funktionen zur Adresspflege garantieren im laufenden Betrieb die Redundanzfreiheit und postalische Richtigkeit der Datenbankinhalte.

Korrektur postalischer Angaben

Nach Angaben der Post sind 60 Prozent aller Adressen in Datenbanken falsch erfasst. Spezielle Adresspflegeprogramme dienen dazu, falsch geschriebene Orts- und Straßennamen oder falsche Straßen-Postleitzahl-Kombinationen zu korrigieren. Diese Werkzeuge können den vorhandenen Adressbestand im Rahmen einer Stapelverarbeitung sukzessive bereinigen oder sie bei Eingabe neuer Datensätze Online überprüfen.

Dublettenbereinigung

Dubletten sind Adressen, die in Adressenbeständen zwei Mal oder öfter vorhanden sind. Dabei sind die positiven, gewollten von den negativen, ungewollten Dubletten zu unterscheiden.

Positive Dubletten entstehen, wenn zum Beispiel Unternehmen zu verschiedenen Branchen bzw. Wirtschaftszweigen gehören.
Negative Dubletten entstehen durch Schreib-, Hör- und Lesefehler bei der Adresserfassung oder durch unterschiedliche Schreibweisen in den verschiedenen Adressquellen.

Wenn es keine einheitlichen Richtlinien oder Unterstützungsfunktionen für den Umgang mit Kundendaten im Allgemeinen und die richtige Schreibweise von Firmennamen, Telefonnummern, Rechtsformen usw. im Besonderen gibt, sind der Dublettengenerierung Tür und Tor geöffnet.

Ein Beispiel aus der Praxis:
Gündling Direkt, Schloß Falkenhorst, 66271 Kleinblittersdorf
Gründling Direkt, Schloß Falkenhorst, 66271 Kleinblittersdorf
Gündling Direkt, Zur Fabrik 2, 66271 Kleinblittersdorf

Die Marketing- und Vertriebsberatung war bei einem Versender für Präsentations- und Seminarunterlagen drei Mal in der Datenbank gespeichert. Drei Mal wurden folglich der Hauptkatalog, die Saisonangebote ... versendet.

Ein erheblicher Imageverlust entsteht spätestens dann, wenn der Firmenname oder der Name des Ansprechpartners so verunglimpft wird, dass dieser eine weitere Bedeutung erhält oder vollkommen verfremdet ist. Beispiel hierfür: Aus Herr Sanmann wird Herr Saumann

Weitere Fehlerquellen können u.a. folgende unterschiedliche Schreibweisen sein:
- gebr., Gebr., Gebrüder
- eg, e. G., eG, Genossenschaft
- ohg, oHG, OHG
- GmbH, G.m.b.H.
- Wohnungsbaugenossenschaft, Wohnungsbau
- Stadt, Stadtverwaltung, Amt

Tipp: Dubletten können durch den Einsatz einer entsprechenden Software vermieden werden. Schon bei einem Datenbestand von 1000 Adressen rentiert sich deren Einsatz auf jeden Fall.

Maßnahmen zur Aktualisierung der Daten

Das wichtigste Instrument, um Daten auf dem neuesten Stand zu halten, ist der regelmäßige Dialog mit dem Kunden. Darüber hinaus können aber auch besondere Aktionen durchgeführt werden:

Als erstes sind in diesem Zusammenhang spezielle Telefonmarketing-Aktionen (z. B. Bedarfsermittlungen) zu nennen. Zielsetzung ist hierbei die Überprüfung der Ansprechpartner und deren Aufgaben- und Interessensbereiche sowie gegebenenfalls Potenzialveränderungen festzustellen.

Des Weiteren sollte jedes Mailing mit dem Vermerk "falls Adressänderung, bitte mit neuer Adresse zurück" versehen werden. Zur Datenaktualisierung können auch spezielle Mailings eingesetzt werden: Es werden z.B. alle Kunden gebeten, ihre Adressdaten zu überprüfen und anzugeben, ob Sie Informationen zu weiteren Produkten/ Leistungen erhalten möchten. Die Responsequoten derartiger Aktionen liegen nicht selten bei mehr als 10%.

4 Adressmanagement

4.1 Grundlagen

Zahlreiche Untersuchungen haben ergeben, dass die Adresse der wichtigste Erfolgsfaktor in der Direktwerbung überhaupt ist. Wie im letzten Kapitel aufgezeigt, muss es sich allerdings um die richtigen Adressen handeln und diese müssen selbstverständlich fehlerfrei sein. "Richtig" bedeutet, dass die Adressen zu der für den wirtschaftlichen Erfolg des Unternehmens richtigen Zielgruppe gehören.

Eine Adresse setzt sich aus den

- postalischen Daten,
- personenbezogenen und unternehmensbezogenen Informationen und
- Kommunikationsdaten zusammen

Die postalischen Daten bilden die Basis. Sie können durch persönliche Informationen (z. B. Name des Ansprechpartners) Telefon-, Faxnummern, E-Mail-Adressen und viele weitere Informationen (Größe des Unternehmens) ergänzt werden.

Die Adressen der verschiedenen Zielgruppen müssen zunächst jedoch beschafft werden. Dies kann grundsätzlich durch eigene Recherchen geschehen (z. B. Sammeln von Adressen auf Messen oder durch Preisausschreiben) oder man nutzt fremde Adressen. Diese können von Dritten gemietet, geleast oder gekauft werden.

4.2 Möglichkeiten der Adressbeschaffung

4.2.1 Gewinnung durch eigene Aktivitäten

An erster Stelle ist hier die sogenannte "Hausliste" zu nennen. Das sind alle Adressen, die in den unterschiedlichen Abteilungen (z. B. Vertrieb, Kundendienst usw.) vorliegen. Wenn die Adressen vollständig, gepflegt und aktuell sind, sind diese die wertvollsten für das Unternehmen.

Über Anzeigen, Beilagen, Gewinnspiele oder über Messen und Events können weitere Adressen gewonnen werden. Der Vorteil: Die Adressen sind aktuell und im Besitz des Unternehmens.

Insbesondere Adressen, die auf Fachmessen gewonnen werden, können einen großen Wert für das Unternehmen haben.

Tipp: Adressen können auf Messen in der Weise gesammelt werden, dass Interessenten Kataloge und Prospekte nicht direkt mitgegeben, sondern quasi als "Service" ins Unternehmen nachgesendet werden.

Wenn ausschließlich postalische Daten erfasst werden, haben die durch ein attraktives Gewinnspiel gewonnenen Adressen einen geringen Wert. Wenn allerdings bei dem Gewinnspiel weitere wichtige Angaben über die Branche, die Unternehmensgröße usw. abgefragt werden, sind solche Adressen - gerade auch im B2B – sehr wertvoll.

4.2.2 Adressen aus elektronischen Telefonverzeichnissen

Eine einfache und sehr preiswerte Methode zur Adressgewinnung besteht darin, Adressen aus Telefonbüchern bzw. elektronischen Telefonverzeichnissen zu übernehmen. Beispiele hierfür sind D-Info, PowerInfo oder Klicktel. Die selektierten Adressen können in andere Programme, wie z. B. Word, zur Weiterverarbeitung exportiert werden.

In der Regel sind in elektronischen Telefonverzeichnissen die Selektionsmöglichkeiten jedoch eingeschränkt. Zudem fehlen Informationen über Ansprechpartner und deren persönliche Kommunikationsdaten. Solche Adressen sollten im B2B deshalb nur mit großer Vorsicht genutzt werden. Der anfängliche Kostenvorteil wird nämlich beim Einsatz in der Praxis durch hohe Streuverluste (Nicht-Erreichen der Zielgruppe) teuer erkauft.

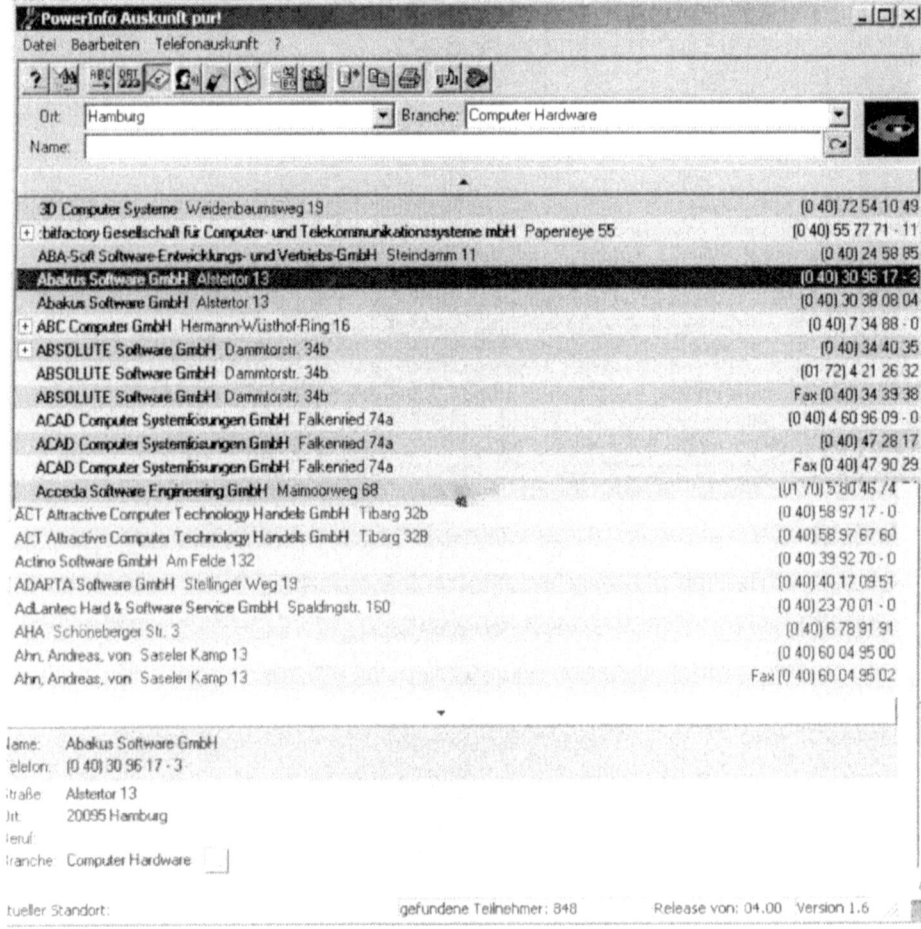

Bild 1: Adressselektion aus einem elektronischen Telefonverzeichnis

Tipp: Adressen aus elektronischen Telefonverzeichnissen sollten nur dann genutzt werden, wenn sie weniger als ein Jahr alt sind.

Andere Verzeichnisse, aus denen Adressen gewonnen werden können, sind die Folgenden:

- Gelben Seiten
- Andere Branchenbücher
- Messekataloge
- Zeitungen und Fachzeitschriften
- Vielfältige Verzeichnisse im www

Aber auch für o.a. Verzeichnisse gelten, wenn auch in abgeschwächter Form, die bereits genannten Einschränkungen.

4.2.3 Adressen von IHKs, Handelskammern und Verbänden

Grundsätzlich besteht die Möglichkeit, Adressen von den IHK, Handwerkskammern sowie von diversen Verbänden zu beschaffen. Der Vorteil hierbei ist, dass diese Adressen in der Regel preiswert oder sogar kostenlos sind. Die Adressen sind sehr oft aber aufgrund fehlender Informationen qualitativ minderwertig. Zudem pflegen die Kammern und Verbände ihre Adressen i. d. R. nicht ausreichend, da es für sie ausreichend ist, wenn den Empfänger die Kammerzeitschrift erreicht oder die Beitragsrechnung zustellbar ist. Weitere Informationen werden daher nicht erhoben.

Tipp: Adressen von Kammern und Verbänden sollten erst nach einer genauen Prüfung – am besten einem Markttest - eingesetzt werden.

4.2.4 Adressbeschaffung über einen Adressverlag

Eine weitere Möglichkeit der Adressbeschaffung besteht in der Miete, dem Leasing oder dem Kauf von Adressen von hierauf spezialisierten Unternehmen, sogenannten Adressverlagen. Diese sammeln gezielt Adressen von Unternehmen, aber auch von Privatpersonen.

Beispiele hierfür sind:
- AZ Direkt, Gütersloh,
- Koop-Direktmarketing, Düsseldorf
- Pan-Adress, Planegg
- Schober Information Group, Ditzingen

Neben diesen sog. "Allroundadressverlagen" gibt es auch Adressverlage, die sich auf bestimmte Adressengruppen spezialisiert haben wie z. B. der Spezialadressenverlag Ziegenhorn, der sich auf Adressen der Touristikbranche spezialisiert hat. Oder auch die Firma AMA , die in erster Linie EDV-Anwender-Adressen anbietet.

Die Auswahl der Adressen (= Selektion) kann mithilfe eines Kataloges, einer CD-ROM oder online getroffen werden. Der bequemste Weg ist heutzutage sicherlich der Letztgenannte. Zum Abschluss dieses Kapitels wird der Weg einer Adressbeschaffung am Beispiel einer Online-Bestellung illustriert.

Adressquellen für die Verlage sind z. B.:
- Außendienst/ Kundendienst
- Mailings/ Newsletter
- Internet/ T-Online/ Datenbanken
- Geschäftsberichte, Firmeninformationen
- Telefonbücher und telefonische Befragungen
- Personalanzeigen
- Handelsregister, Bundesanzeiger
- Messekataloge, Seminar- und Kongressverzeichnisse
- Tagespresse, Branchenbücher,
- Verbands- und Vereinsveröffentlichungen

- Retouren
- usw.

Viele Adressverlage bieten ihren Kunden auch noch sinnvolle Zusatz-Services an. Dies können beispielsweise folgende sein:

- Mikrogeographie und Marktforschung - in welchen Regionen gibt es noch ungenutzte Absatzpotenziale?
- Adressen-Werkstatt, z. B. Dublettenabgleich
- Datenbank-Services und Database-Software, also Software zum Aufbau einer Datenbank und der Datenpflege
- Klassische Lettershop-Dienstleistungen wie Mailingherstellung und -versand
- Telefonmarketing und Responseweiterverarbeitung uvm.

Tipp: Gerade Klein- und mittelständische Unternehmen erbringen bei ihren Direktwerbeaktivitäten viele Leistungen selbst, die ein professioneller Dienstleister schneller, qualitativ besser und letztendlich kostengünstiger erledigen kann.

Gemietete Adressen dürfen nur einmal genutzt werden, außer es ist mit dem Vermieter eine andere Abmachung getroffen worden. Die Adressen der Reagierer gehen hingegen in das Eigentum des Adressmieters über.

4.2.5 Listbrokeradressen

Eine Besonderheit stellen die sogenannten Listbrokeradressen dar: Bei Listbrokern kann man Adressen, die Versender oder andere Unternehmen aus ihrer Kunden- und Interessentendatei zur gewerblichen Nutzung für andere (nicht konkurrierende) Direktwerbetreibende gegen eine Gebühr zur Verfügung stellen. Als Listbroker fungieren zum einen die Adressverlage, zum anderen aber auch zahlreiche Direktmarketingagenturen bzw. selbständige Direktmarketingspezialisten.

In Deutschland gibt es heute ca. 1500 Unternehmen, die ihre Adressen an andere Unternehmen vermieten. Manchmal behält sich das Unternehmen ein generelles Ablehnungrecht vor. In diesem Fall muss das mietende Unternehmen zunächst ein Exemplar des geplanten Mailings an den Listbroker senden. Diese Adressen dürfen in der Regel nur über zwischengeschaltete Dienstleister (z. B. Lettershops) verarbeitet werden.

1 & 1 Telekommunikation GmbH				
Stand:	ca.-Stückzahl	Bezeichnung	Artikel-Nr.	DM ‰
01.12.2000	1.500.034	Gesamtbestand	2508600	250,00
	1.266.678	Privatadressen gesamt	2508610	250,00
	212.401	Firmen mit AP gesamt	2508645	275,00
Art der Gewinnung	204.775	Kunden gesamt lt. 6 Monate	2508650	300,00
Anzeigen	133.468	Kunden gesamt lt. 7-12 Monate	2508655	275,00
Beilagen				
Adreßstruktur	1&1 engagiert sich zunehmend im Internet-Markt und verfolgt dabei eine klare Strategie: Der reine Internet-Dienst wird mit technischen Mehrwerten angereichert, die dem Anwender klare Vorteile bieten. PCs und Modems zur Nutzung von Internet-Services und Online-Diensten, Homebanking, Brokerage, ISDN, Multimedia u.a.			
73% männlich
11% weiblich
16% Firma
Auftragswerte	Die Kunden kaufen PCs und Modems zur Nutzung von Internet-Services und Online-Diensten, Homebanking, Brokerage, ISDN, Multimedia u.a.			
Selektionskosten ‰ 15,00 DM mind. 250,00 DM	Gewonnen werden die „User" durch ganzseitige Anzeigen, Beilagen und sonstige Publikationen in führenden PC-Zeitschriften, Wirtschafts- und Nachrichtenmagazinen.			
Beilagen JA	Die sog. Info-Elite im Alter zwischen 25 und 45 Jahren, meist männlich, gut gebildet, mit hohem Einkommen ist in leitender Funktion berufstätig. Überdurchschnittlich hoher Wissensdurst, Dynamik und Experimentierfreude stehen Ihrem Angebot offen gegenüber.			
Mindestabnahme 5.000 Stück
Midestberechnung 70.000 x Liefermenge

AZ Bertelsmann Direkt GmbH				
???-Bertelsmann-Straße 163	Paradiesstaße 306	Siessenstraße 10	Zyportstraße 13	Bertelsmann
D-33311 ???ssloh	D-11526 Berlin	D-41352 Edenburg	D-85748 Carcing	Services
Tel.: 09241/??89?9+5034 3?	Tel. 04046/7981-3	Tel.: 06172/1229-0	Tel.: 089/32943-0	Group
Fax 03241/339311	Fax 04046/7981-3	Fax 06172/20700	Fax 089/205291	

Bild 2: Beispiel für Listbroker-Adressen

Listbroker-Adressen sind wesentlich teurer als "normal" zu mietende Adressen - allerdings sind sie qualitativ sehr hochwertig.

 **Tipp:** Wenn die Möglichkeit besteht, genau auf das gewählte Segment abgestimmte Listbroker-Adressen einzusetzen, sollten diese auf jeden Fall genutzt werden – zumindestens aber in einem Test-Mailing überprüft werden.

4.2.6 Direkt-Fremdmiete / Direkt-Tausch

In diesem Fall wendet sich das Unternehmen direkt an Unternehmen, die ihren eigenen Adressenbestand vermieten bzw. tauschen. Dies ist z. B. dann sinnvoll, wenn beide Unternehmen die gleiche Zielgruppe mit den gleichen Entscheidern bearbeiten, diesen jedoch vollkommen unterschiedliche bzw. voneinander unabhängige Produkte bzw. Dienstleistungen anbieten. Diese Möglichkeit bietet sich beispielsweise für Hardware und Software-Hersteller an, Produzenten von Tennisbekleidung und Tennisschlägern, Bürostuhl und Büromöbelhersteller usw.

Auch wenn bei dieser Vorgehensweise die Beratung, Abwicklung und Abrechnung durch einen professionellen Dritten fehlt, kann diese Möglichkeit der Adressbeschaffung durchaus attraktiv sein. Voraussetzung für eine Miete oder einen Adresstausch ist aber, dass beide Unternehmen ihre Adressen erstklassig gepflegt haben.

4.3 Qualität der Adressen

Der Qualität der Adressen kommt eine besondere Bedeutung zu. Nur Direktwerbung, die auch den richtigen Ansprechpartner erreicht, kann auch Response auslösen.

Die Adressverlage garantieren eine durchschnittliche postalische Zustellbarkeit von 95 - 98 Prozent bei Firmenadressen. Die telefonische Erreichbarkeit liegt bei ca. 80 Prozent. Tatsächlich beziehen sich diese Zahlen zunächst einmal aber nur auf die postalische Zustellbarkeit. Die Zustellung an den richtigen Ansprechpartner liegt bei 85 bis 90 Prozent. In Ausnahmefällen – z.B. bei Spezialverlagen auch höher.

Für die Qualität einer B2B-Adresse können drei Qualifizierungsmerkmale angeführt werden:

1. Am wichtigsten ist die Genauigkeit der Selektion. Kann das gewünschte Segment genau selektiert werden (z. B. Stahlhandelsunternehmen) oder müssen Adressen mitberücksichtigt werden, die nicht dem gewünschten Segment (z. B. Stahlhersteller) entsprechen.

2. Die Aktualität der Daten (Adresse und Ansprechpartner) stellt sicher, dass das Mailing, die E-Mail oder der Telefonanruf auch den richtigen – responsefähigen - Ansprechpartner erreicht. Dabei ist zu beachten, dass die Ansprechpartner (Führungskräfte der verschiedensten Ebenen und Spezialisten) in den Unternehmen wesentlich häufiger wechseln als das Unternehmens seine Anschrift.

3. Die richtige Schreibweise der Namen, der Titel, Funktionen und der Adresse. Falsche Schreibweisen führen zu unterbewusst gesteuerter Ablehnung beim Empfänger.

4.4   Selektionsmöglichkeiten

Die Selektionsmöglichkeiten bestimmen, inwieweit und wie genau ein gewünschtes Segment erreicht werden kann. Die großen Adressverlage bieten zahlreiche Selektionsmöglichkeiten an, die sich auch miteinander kombinieren lassen.

Selektion nach Branchen:

Eines der wichtigsten Selektionskriterien im B2B ist die Branche, in der der (potenzielle) Kunde tätig ist. Die Bedeutung ergibt sich aufgrund der (abgeleiteten) Bedarfslage der Unternehmen. Die Firmenadressen-Datenbank verfügt über 10.000 bis 20.000 verschiedene Branchen-Zielgruppen.

Die Zugehörigkeit eines Unternehmens zu einer bestimmten Branche wird mit Branchencodes gekennzeichnet. In den letzten Jahren geht der Trend dahin, die fünfstellige Wirtschaftszweig-Systematik des Bundesamtes für Statistik durch den NACE-Code der europäischen Union bzw. den WZ93-Code zu ersetzen. Die Auswahl der Oberbegriffe reicht von "Abbruch, Spreng- und Enttrümmerungsgewerbe" bis "Zylinderschlösser Hersteller".

Eine komplette Darstellung des Nace-Code.
http://europa.eu.int/comm/eurostat/ramon/cgi/SimWWWFrame.
SimBottomFrame?p_nID=NACE_1970&p_lId=&p_pld=&p_langnom
=DE&p_frameType=4&p_asso=&p_emp=&p_language=DE

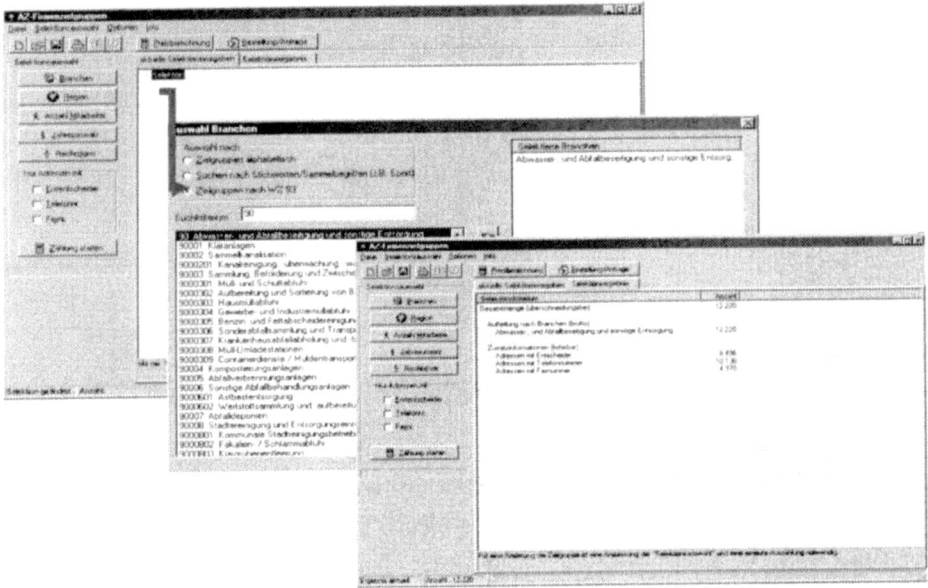

Bild 3: Selektionsbeispiel anhand des WZ93-Codes

Selektion nach Region:

Folgende regionale Selektionsmöglichkeiten werden angeboten:

a) nach Bundesländern

b) nach Nielsen-Gebieten

c) nach postalischen Gebieten (z. B. Postleitzahlen, Postleitzonen)

d) nach wirtschaftlichen Ballungszentren

e) nach ländlichen Bereichen

Selektion nach Betriebsgröße:

Das Volumen der potenziellen Nachfrage ist sehr oft abhängig von der Größe des nachfragenden Unternehmens. So ist bei einer kleinen Schlachterei der Bedarf an Messern und Hackebeilen mit Sicherheit kleiner als bei Großmetzgereien.

Die Größeneinteilung kann mithilfe der Mitarbeiterzahl oder des Umsatzes vorgenommen werden. Adressen können aber auch nach der Kapitalausstattung und der Gesellschaftsform selektiert werden.

 **Tipp:** Da Umsatzangaben bei kleineren Unternehmen eher wenig aussagekräftig sind, wird hier das Kriterium der Mitarbeiterzahl verwendet. Bei mittleren und großen Firmen ist hingegen eher der Umsatz als Selektionskriterium zur Ableitung des Einkaufspotenzials zu empfehlen. Die Verwendung beider Merkmale als Selektionskriterien ergibt in der Praxis jedoch wenig Sinn.

Selektion nach Ansprechpartner:

Direktwerbung im B2B kann nur erfolgreich sein, wenn der Entscheider direkt angesprochen werden kann. Eine klassische Einteilung ist die Folgende:

- 1. Führungsebene (Aufsichtsräte, Geschäftsführer, Inhaber, Vorstände)
- 2. Führungsebene (Einkaufs-, EDV-, Marketing-, Werbe-, Personalleiter,...)
- Inhaber von Kleinunternehmen

Selektion nach Firmen-Neugründungen:

Gerade neu gegründete Firmen haben meist einen hohen Bedarf an Produkten verschiedenster Art. Die Nutzung dieses Potenzials ist in der Regel besonders empfehlenswert, zumal der Kunde, wenn er zufrieden ist, auch in Zukunft bei dem Lieferanten einkaufen wird (Lieferantentreue).

Selektion nach Postkäufern:

Besteht bei Unternehmen eine dokumentierte Postkauf-Neigung, ist oft auch eine Selektion nach diesem Kriterium möglich. Dieses Kriterium hat aber nur bei Konsumgütern Bedeutung.

Selektion nach Kreditwürdigkeit:

Manche Adressverlage bieten eine Selektion nach Risikogruppen im Rahmen der Kreditwürdigkeit an, um so das Risiko von Zahlungsausfällen zu minimieren. Die Kreditwürdigkeit wird beispielsweise bei Schober nach Merkmalen wie Gesellschaftsform, Betriebsgröße, Branche, Konkurse usw. beurteilt. Die Deutsche Post AG bietet in Zusammenarbeit mit Creditreform einen solchen Bonitäts-Check an.

Selektion nach anderen Gesichtspunkten:

Als weitere Selektionsmerkmale bieten sich auch nachfolgende an:

- Bettenzahl (Hotelbranche)
- Werbeaktivität (Werbeaktive Firmen, Direktmarketing-Anwender)
- Gesellschaftsform (AG, GmbH, KG, OHG usw.)
- Gemeindegröße
- Firmenart (Filialen, Geschäftsstellen, Hauptverwaltungen, Niederlassungen usw.)
- Fuhrpark
- EDV-Ausstattung
- Messeteilnahme (Cebit, Eisenwarenmesse, Indu, Drupa, ORGATEC u.v.a.)
- Kaufkraft
- Unternehmen mit:
    - Außendienst
    - Credit-Index
    - E-Mail-Adresse
    - Export
    - Geschäftsstellen
    - Internet-Homepage
    - Kantine
    - Kreditkartenverrechnung
    - Kundendienst
    - Postkäufer-Index
    - Telefon-Sammelnummer
    - Vertragshändlern
    - u.v.a.

4.5 Preise und Mietbedingungen

Die Preise für die einmalige Miete einer Adresse reichen von ca. 5 Cent bis 50 Cent. Der Preis hängt dabei nicht nur von der Qualität der Adresse ab, sondern auch von der Anzahl (Mengenstaffel).

Zusatzmerkmale über die postalische Adresse hinaus - z.B. Telefon/Faxnummer, Kontaktperson, Anzahl der Beschäftigten usw.- werden normalerweise separat berechnet (in der Regel pro Kriterium zwischen 5 und 20 Cent).

Hinzu kommt in der Regel auch noch ein Mindestbestellwert ca. € 75 und eine sogenannte Datenbankpauschale (ebenfalls ca. € 75).

Nur Adressen, auf die ein Response erzielt wurde, gehen in das Eigentum des Mieters über und dürfen auch in Zukunft genutzt werden. Verstöße gegen die Mietbedingungen werden streng geahndet. Vertragsstrafen in Höhe des zehn- bis fünfzehnfachen Rechnungsbetrags sind durchaus üblich. Die Überprüfung geschieht mit Hilfe von Kontrolladressen. Dabei genügt es, wenn der Verstoß an nur einer einzigen Kontrolladresse nachgewiesen werden kann.

Kauft man Adressen, hat das den Vorteil, dass diese beliebig oft genutzt werden dürfen. Der Weiterverkauf dieser Adressen ist allerdings nicht statthaft. Adressen zu kaufen ist dann lohnend, wenn einer der nachfolgenden Punkte zutrifft:

- Bei mehrstufigen Aktionen - die Zielgruppe wird z. B. zunächst mit einem Mailing angeschrieben, zwei bis vier Wochen später wird ein Erinnerungsschreiben zugestellt, in einer dritten Stufe werden die Nichtreagierer telefonisch kontaktiert.
- Ist die Zielgruppe eindeutig definiert und soll diese mehrmals im Jahr – unabhängig vom möglichen Response - kontaktiert werden.
- Der Mehrpreis des Kaufs im Vergleich zur Miete ist unerheblich.

Der Preis für gekaufte Adressen ist zwischen drei- und zehn Mal so hoch wie der klassische Mietpreis. Allerdings bieten einige Verlage preiswerte Aktualisierungsservices für die Folgejahre an.

Alternativ zur Miete bzw. zum Kauf können Adressen auch geleast werden. Während der Leasinglaufzeit können die Adressen beliebig oft genutzt werden. Läuft der Leasingvertrag aus, dürfen die Adressen nicht mehr genutzt werden. Der Preis bei Leasing beträgt bei einer Laufzeit von einem Jahr ungefähr das Doppelte wie bei Adressmiete. Bei Zwischenformen (zwischen Leasing und Miete) wird festgelegt, dass die Adressen zwei oder auch vier Mal im Jahr eingesetzt werden können.

4.6 Ablauf einer Adressbeschaffung

Der Ablauf der Adressbeschaffung wird im Folgenden am Online-Beispiel der AZ Direkt dargestellt:

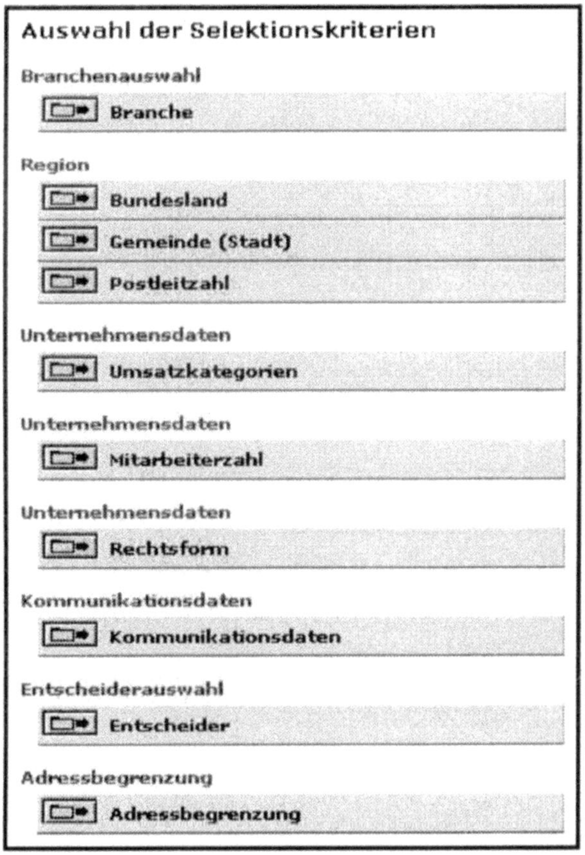

Bild 4: Beispiel einer Online-Adressselektion, AZ-Direkt

1. Im ersten Schritt wird die Auswahl der Selektionskriterien vorgenommen

Danach muss festgelegt werden, in welcher Form die Adressen geliefert werden sollen. Grundsätzlich stehen folgende Möglichkeiten zur Verfügung:

- Endloslisten
- Selbstklebe-Etiketten
- CD-ROM

- Diskette 3,5"
- Magnetband / Kassette
- Datenfernübertragung
- Telefon-/Faxnummernliste
- E-Mail
- Download aus dem Internet
- (plus) Kontroll-Liste

2. Aufgrund der gewählten Selektion wird der Preis ermittelt

3. Im letzten Schritt wird die Adressbestellung ausgelöst.

Adressen, die Online geliefert werden, sind in der Regel innerhalb von weniger als 30 Minuten abrufbar. Offline-Bestellungen sind nach einem Tag, spätestens aber drei Tagen in der gewünschten Form verfügbar.

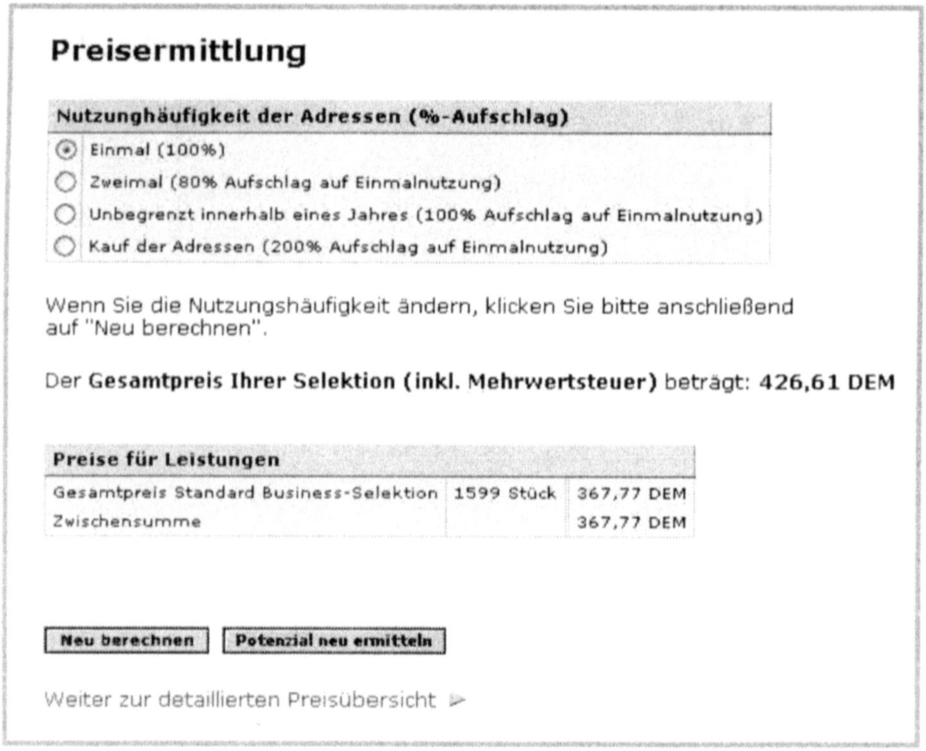

Preisermittlung

Nutzunghäufigkeit der Adressen (%-Aufschlag)

- (•) Einmal (100%)
- ( ) Zweimal (80% Aufschlag auf Einmalnutzung)
- ( ) Unbegrenzt innerhalb eines Jahres (100% Aufschlag auf Einmalnutzung)
- ( ) Kauf der Adressen (200% Aufschlag auf Einmalnutzung)

Wenn Sie die Nutzungshäufigkeit ändern, klicken Sie bitte anschließend auf "Neu berechnen".

Der **Gesamtpreis Ihrer Selektion (inkl. Mehrwertsteuer)** beträgt: 426,61 DEM

Preise für Leistungen

Gesamtpreis Standard Business-Selektion	1599 Stück	367,77 DEM
Zwischensumme		367,77 DEM

[Neu berechnen] [Potenzial neu ermitteln]

Weiter zur detaillierten Preisübersicht ▷

Bild 5: Preisermittlung

5 Zielsetzung, Response und Erfolgskontrolle

5.1 Planung des Erfolges

5.1.1 Zielsetzung

Direktmarketing ist u. a. deshalb für Klein- und mittelständische Unternehmen im B2B so attraktiv, weil der Erfolg der einzelnen Werbeaktivitäten in Form des Responses direkt messbar ist.

Response bedeutet zunächst einmal, dem Umworbenen die Möglichkeit der Antwort bzw. der Fortsetzung des Dialoges zu geben. Das ist ihm so einfach wie möglich zu machen. Das Responseelement selbst hat die Aufgabe, die Zielperson zu einer Handlung, zu einer Reaktion zu veranlassen. Dies können zum Beispiel die Folgenden sein:

- Anforderung für weitere Informationen,
- Anforderung eines Telefonanrufs,
- Anforderung eines Außendienstbesuchs,
- Bestellung,
- Teilnahme an einem Preisausschreiben oder Gewinnspiel,
- Zusage über einen Messebesuch,
- u.v.a.m.

An mehreren Stellen wurde schon darauf hingewiesen, dass erfolgreiche Direktwerbeaktionen immer mit der genauen Definition der Zielsetzung beginnen. Nur wenn dies der Fall ist, kann anschließend auch genau kontrolliert werden, ob eine bestimmte Aktion den gewünschten Erfolg hatte oder nicht.

Genau betrachtet sollten Ziele im Direktmarketing immer aus zwei Dimensionen bestehen. Zum einen muss das Ziel allgemein qualitativ bestimmt werden. Nachfolgend einige Beispiele:

- Interessentengewinnung
- Neukundengewinnung

- Kundenbindung
- Kundenaktivierung
- Unterstützung des Außendienstes
- allgemeine Informationsvermittlung an Händler, Presse usw.
- Direktverkauf
- Einladung zu Veranstaltungen
- Produkt- und Akzeptanztests
- Sammlung und Aktualisierung von Kundendaten
- u.v.a.m.

Zum anderen muss ein Ziel aber auch objektiv messbar, das heißt, es muss quantifizierbar sein. Mögliche sinnvolle Zielsetzungen von Direktmarketingaktionen im B2B können sein:

- 15 Interessenten aus Anzeige xyz in Fachzeitschrift abc
- 3 Aufträge aus Anzeige xyz in Fachzeitschrift abc
- 1,4 % Rücklauf bei Mailing def 4 Wochen nach Postauslieferung
- 15 Informationsanforderungen wöchentlich aus Internetaktivität 123

Tipp: In der Praxis hat es sich bewährt, bei jeder Aktivität mindestens zwei Responseelemente einzusetzen. Im B2B ist dies in der Regel das Fax und ein weiteres, frei zu bestimmendes Element.

Wenn mit mehreren Aktivitäten die gleichen Zielsetzungen verfolgt werden, muss, damit der Erfolg einer Direktwerbeaktivität auch tatsächlich zugeordnet und gemessen werden kann, der Response eindeutig zurechenbar sein. Hierzu ist eine Codierung der einzelnen Aktivitäten notwendig.

5.1.2 Codierung und Tests

Codierung ist nichts anderes als die Kennzeichnung von Antwortkarten, Antwortfaxen, Gutscheinen, Schecks, Coupons, Anzeigen usw.

Die Codierung kann in Form von Ziffern (Kennziffern), Buchstaben oder Mischformen geschehen. Im B2B genügt in der Regel eine 6-stellige Codierung. Diese sollte darüber Auskunft geben,

- welches Direktwerbeinstrument / welcher Werbeträger (AA) (Mailing, Anzeige/ Fachzeitschrift),
- in welchem Monat (MM) und
- in welchem Jahr (JJ)

eingesetzt wurde.

Beispiel 1:

- AA = 15 = Mailing Messeeinladung
- MM = 02 = Februar
- JJ = 02 = 2002

Beispiel 2:

- AA = 23 = Anzeige "Technische Keramik" in Fachzeitschrift Scope
- MM = 05 = Mai
- JJ = 01 = 2001

Beispiel 3:

- AA = 41 = Newsletter "Alu-News", Homepage
- MM = 09 = September
- JJ = 01 = 2001

Die vollständigen Codierungen lauten 150202, 230501 und 410901.

Ein großer Vorteil von Direktwerbeaktionen ist der, dass sie normalerweise erst in einer kleinen Auflage getestet werden können. Grundsätzlich ist ein Test vor jeder Direktwerbe-Aktion sinnvoll. Um zu einem aussagefähigen Ergebnis zu gelangen, kann jedoch immer nur eine Variable (z. B. Preis,

Adressgruppe, Headline oder ...) getestet werden. Aufgrund der geringen Auflagen stellen Tests im B2B aber eher die Ausnahme dar. Dieser Aspekt soll deshalb hier nicht weiter verfolgt werden.

5.1.3 Vorbereitung auf Response

Zur professionellen Planung von Direktwerbeaktivitäten gehört auch die Vorbereitung auf die Bearbeitung des erzielten Responses. Zu häufig zeigt sich in der Praxis, dass die Beantwortung von Anfragen und sogar die Bearbeitung von Bestellungen Tage teilweise sogar Wochen dauert, ohne dass der Interessent/ Kunde eine Antwort erhält.

Das Unternehmen muss für den Kunden darüber hinaus immer "erreichbar" sein. Dazu müssen die Punkte der Checkliste "Response" beachtet werden.

Checkliste Response:

- Ist bei der Angabe einer Telefonnummer die Erreichbarkeit für den Kunden gemäß dessen Erwartungen sicher gestellt? (In der Industrie: 8:00 Uhr bis 18:00 Uhr; im Handwerk 7:00 Uhr bis 20:00 Uhr)
- Stehen genügend Telefonleitungen zur Verfügung?
- Sind die Faxgeräte auf Funktionsfähigkeit überprüft? (genügend Papier, Toner, Speicher)
- Stehen die beworbenen Unterlagen (Prospekte, Kataloge usw.) oder Produkte in ausreichendem Maße zur Verfügung?
- Ist sichergestellt, dass der schriftliche Response innerhalb von 24 Stunden bearbeitet werden kann? (zumindest muss ein Zwischenbescheid erfolgen)

5.2 Responseelemente

5.2.1 Grundsätzliches

Grundsätzlich gilt für jedes Responseelement:

- Es muss auffallen. Nur ein Responseelement, das auffällt, wird auch genutzt. Telefonnummern, E-Mail-Adressen sollten groß und leserlich geschrieben sein.

- Es muss einfach im Handling sein. Schriftliche Responseelemente sind nach Möglichkeit schon vorpersonalisiert und frankiert. Das gewünschte Kommunikationsangebot muss nur noch angekreuzt werden. Telefonnummern, Verweise auf Web-Angebote und E-Mail-Adressen können einfach behalten werden.

- Je schwieriger es ist zu reagieren, desto geringer wird der Response ausfallen. Man spricht in diesem Zusammenhang auch von den sogenannten Response-Filtern. Je mehr der Interessent tun muss, je zeit- und kostenaufwendiger für ihn der Response ist, desto geringer wird der Response selbst ausfallen.

- Umgekehrt gibt es auch sogenannte Response-Verstärker. Das können u.a. sogenannte Early-Birds (die ersten 10 Einsender erhalten eine kostenlose Umwelttechnik-Beratung) oder auch zeitliche Begrenzungen (gültig bis zum ...) sein.

- Zudem gilt es Unsicherheiten zu vermeiden. Dies kann man z.B. indem betont wird, dass die Bestellung von Informationen kostenlos und unverbindlich ist.

Tipp: Auch ein Außendienstbesuch, der im ersten Schritt angekündigt wird, ist in vielen Fällen ein Response-Filter. Dieser sollte deshalb nur im Telefonat angeboten werden.

5.2.2 Postalische oder Faxdialoginstrumente

Abgedruckte Anschrift

Das einfachste postalische Responseelement ist die abgedruckte Anschrift in Anzeigen, auf Werbeplakaten, usw. Da es dem Interessent aber große Mühe macht, tatsächlich zu reagieren, hat dieses Responseelement an sich keine große Bedeutung mehr. Leider wird es aber noch viel zu oft eingesetzt.

Bild 6: Negativbeispiel

Außerdem fehlt in diesem Beispiel die konkrete Aufforderung zur Reaktion.

Antwortfax und Antwortkarte

Um die Reaktion einfach und bequem für den Interessenten zu machen, sollten nur vorgefertigte postalische Responseelemente (z.B. Antwortkarte), die mit der Anschrift des Adressaten schon versehen sind, eingesetzt werden. Im B2B hat sich das Fax-Dialoginstrument, das gleichzeitig in einem Fensterbriefumschlag versandt werden kann, durchgesetzt.

Postalische und Fax-Dialoginstrumente eignen sich besonders bei Mailings als Produkt- und Rechnungsbeilage und ggf. bei einer Beilage in einer Zeitung/ Zeitschrift.

Nachteil des Response mit einer Antwort-Karte bzw. einem Antwortbrief ist die Notwendigkeit der Freistemplung. Da meistens keine Briefmarke zur Hand ist, wird der Response unnötig erschwert. Dies kann vermieden werden, indem das werbende Unternehmen die Porto-Kosten übernimmt. Die Post bietet hierzu attraktive Modelle an.

| Bitte freimachen | Bitte ausreichend frankieren | 56 Cent die sich wirklich für sie lohnen | Gebühr zahlt Empfänger | Das Porto bezahlen wir für Sie! |

Bild 7: Gestaltungsbeispiele für die Kostenübernahme postalischer Responseelemente.

5.2.3 Telefonische Responseinstrumente

Angabe der normalen Telefonnummer

Lange Zeit war das Telefon im B2B das beliebteste Responseinstrument. Problematisch bei diesem Instrument ist sehr oft die Erreichbarkeit. Entweder blockieren zu viele Anrufer die Leitung oder nach Geschäftsschluss ist nur noch der Anrufbeantworter erreichbar. Dies trifft im B2B auch sehr oft Freitag Mittags ab 14:00 Uhr und die Mittagspausen zu. Möglicher Response kann dann nicht angenommen werden.

Tipp: Um die Erreichbarkeit auch außerhalb der eigenen Geschäftszeiten sicherzustellen, kann die Telefonnummer auf ein Handy oder in ein Callcenter weitergeleitet werden. Der Anrufer bekommt davon in der Regel nichts mit.

Telefonische Mehrwertdienste

Auch im B2B sind die Übernahme der Telefonkosten (0800- Nummer) bzw. deren Teilung (0180-Nummer) sogenannte Response-Verstärker. Vorteile dieser sogenannten Mehrwertdienste sind:

- Ausgleich von Standortnachteilen durch bundesweite telefonische Präsenz
- Möglichkeit der spontanen/ sofortigen Reaktion ohne großen Aufwand
- Verbesserte Erreichbarkeit bei weiterer Professionalisierung der Annahme

Vanity-Nummern

Seit 1997 können in Deutschland auch sogenannte Vanity-Nummern eingerichtet werden. Die Telefonnummer ergibt sich aufgrund der alphanumerischen Zuordnung der Zahlentastatur auf dem Telefon. Die Vanity-Nummer 0800 – Fleurop steht z. B. für 0800 – 3538767. Der Vorteil dieser Nummern ist offensichtlich. Sie können ganz einfach behalten werden.

Bild 8: Vanity-Nummer

Im B2B bietet sich die Vanity-Nummer insbesondere bei regelmäßig wiederkehrendem Bedarf des Kunden an und wenn dieser von unterschiedlichen Orten aus (z.B. Baustellen) eine Bestellung aufgeben möchte.

Telefaxdienste

Das Telefax kann darüber hinaus in einigen besonderen Varianten als telefonisches Responseelement eingesetzt werden. Im B2B haben diese Varianten bisher jedoch noch keine große Bedeutung. Sie sollen der Vollständigkeit halber hier kurz dargestellt werden.

Fax on Demand

Mit einem Fax-on-Demand-System können weitergehende Informationen direkt von einem Anrufer über ein Telefon mit angeschlossenem Faxgerät abgerufen werden. So können beispielsweise bei Banken Finanzinformationen oder bei Fachverlagen Fachartikel oder Übersichten über Veröffentlichungen abgerufen werden.

Fax-Back

Beim Fax-Back wählt der Fax-Server nach Beendigung des Gesprächs eine vorab eingegebene Faxnummer und versendet die gewünschten Informationen.

Fax-Polling

Beim Fax-Polling kann eine Faxseite direkt über eine Durchwahlnummer ausgewählt werden. Der Anrufer muss aber vor dem Anruf seine Nummer auf Abruf bzw. Polling schalten. Diese Form der Informationsverbreitung bietet sich immer dann an, wenn eine hohe Zahl von Faxen nur sporadisch anfällt und damit eine Ausweitung der eigenen Kapazität wenig sinnvoll wäre. So kann beispielsweise eine Mietwagenfirma Sondertarife an ihre Kunden verschicken, ein Hotel Preisveränderungen mitteilen, ein Unternehmen weltweit Kunden zu einer Messe einladen oder aber neue Produkte oder Unternehmensnachrichten versenden.

5.2.4 Internetbasierte-Responseelemente

Internetdienste, E-Mail und das World Wide Web lassen sich auch als Responseelement nutzen. Sie haben gerade im B2B in den letzten Jahren eine explosionsartige Akzeptanz gefunden.

E-Mail

Die E-Mail ist nicht nur ein sehr kostengünstiges, sondern vor allen Dingen ein schnelles Responseelement. Die Antwortgeschwindigkeit ist hierbei von zentraler Bedeutung. Spätestens 24 Stunden nach dem Response sollte der Reagierer auf eine Direktwerbeaktion eine E-Mail-Antwort erhalten. Sollte eine schnelle Beantwortung aus organisatorischen oder zeitlichen Gründen nicht möglich sein, empfiehlt sich der Einsatz eines sogenannten Mailbot-Programms (abgeleitet von E-Mail-Roboter). Auf die eingehenden Anfragen wird zumindest teilweise automatisch geantwortet. Dem Reagierer wird zum Beispiel erklärt, wann er mit einer konkreten Antwort rechnen kann.

Tipp: Um eine schnelle Bearbeitung sicherzustellen, kann eine nicht auf eine Person bezogene, sondern eine allgemeine E-Mail-Adresse, z.B. "service@firma.de" eingerichtet werden.

World Wide Web (www)

Wie bei allen anderen Responseelementarten stellt auch beim World Wide Web die bloße Angabe der Web-Adresse das einfachste Responseelement dar. Problematisch ist hierbei die Erfassung und genaue Zuordnung des Response.

Tipp: Das Internet kann bei Direktwerbeaktionen sehr gut eingesetzt werden, um dem (potenziellen) Kunden die Möglichkeit zu geben, **weitere** Informationen abzurufen.

Typische Responseelemente von www-Seiten sind neben der Kontaktaufnahme über allgemeine E-Mail-Formulare (Kontakt-Buttons), sog. "Call-Me" bzw. "Call-Back" Buttons. Diese Buttons generieren automatisch bei Betätigung mit der Maus eine E-Mail (Auto-Responder), die der Reagierer nur noch auszufüllen und abzuschicken braucht.

Checkliste Responseelement:

- Verspricht das Response-Element einen konkreten Vorteil?
- Enthält es eine klare und einfache Handlungsaufforderung?
- Werden mindestens zwei verschiedene Möglichkeiten zum Response angeboten?
- Gibt es Reaktionsverstärker? (z. B. die ersten 100 Einsender ..., wenn Sie bis zum 30. Oktober antworten ...)
- Ist die Reaktionsschwelle möglichst gering gehalten? (unverbindlich, kostenlos ...)
- Ist das Responselement personalisiert?
- Muss nur etwas angekreuzt werden?
- Werden (gebührenfreie) Telefonnummern angegeben?

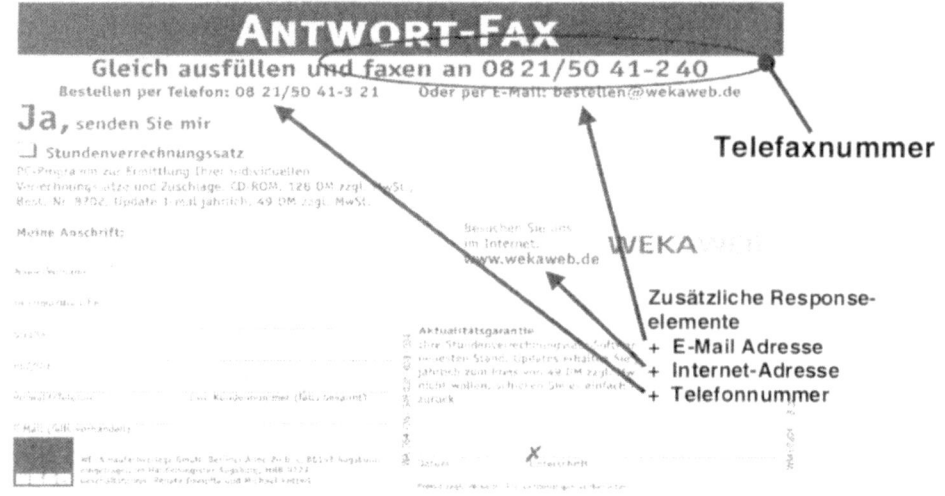

Bild 9: Musterbeispiel für ein Responseelement

5.3 Möglichkeiten der Erfolgsmessung

5.3.1 Die Responsequote

Die Responsequote gibt die Anzahl der gemessenen Reaktionen auf eine Direktwerbeaktion in Prozent an. Diese Kennziffer, auch Rücklaufquote, Reaktions- oder Antworthäufigkeit genannt, ist weit verbreitet und einfach zu ermitteln.

$$Responsequote = \frac{Anzahl\ der\ Reaktionen}{Anzahl\ der\ Aussendungen}$$

Zur Ermittlung und Kontrolle der Responsequote wird eine sogenannte Eingangsstatistik geführt. Hier wird die Anzahl der täglich eingehenden Rückläufe festgehalten.

In nachfolgendem Beispiel wurden 1.000 Mailings versandt und die Rückläufe wie folgt festgehalten:

Datum	Rückläufe		Rückläufe kumuliert	
Tag	absolut	relativ	absolut	relativ
1.	1	0,10%	1	0,10%
2.	3	0,30%	4	0,40%
3.	3	0,30%	7	0,70%
4.	2	0,20%	9	0,90%
5.	4	0,40%	13	1,30%
8.	2	0,20%	15	1,50%
9.	3	0,30%	18	1,80%
.	.			
.	.			
.	.			
31.	2	0,20%	20	2,00%

Tabelle 3: Beispiel einer Eingangsstatistik bei 1000 versandten Mailings

Die Eingangsstatistik beginnt mit dem ersten Responsetag. Der Samstag und Sonntag zählen nicht als Extra-Tag, sondern werden am Montag zusammengefasst. Gegebenenfalls kann es sinnvoll sein, die unterschiedlichen Responseelemente getrennt auszuwerten.

5.3.2 Den Erfolg vorhersagen: Die Halbwertzeit

Die Halbwertzeit ist eine Kennzahl, mit Hilfe derer schon sehr früh der Erfolg einer Direktwerbeaktion vorhergesagt werden kann.

Hierzu kumuliert man die Anzahl aller täglichen Rückläufe bis einschließlich des zweiten Tages nach dem Tag mit dem höchsten Rücklauf. Natürlich kann das hieraus resultierende Ergebnis auch der Eingangsstatistik entnommen werden. Die Verdoppelung der Zahl ergibt mit einer Abweichung von +/- 5 % einen in der Praxis brauchbaren Schätzwert für den Gesamtresponse. Voraussetzung ist natürlich, dass die Direktwerbeaktion an einem Tag durchgeführt worden ist.

Im Beispiel ist das Maximum am 10.4. erreicht. Bis zum 13.4 waren bei dieser Aktion insgesamt 19 Rückläufe zu verzeichnen. Aufgrund der Halbwertzeit wurde ein Gesamtrücklauf von 36 bis 39,1 ermittelt. Tatsächlich betrug dieser 39.

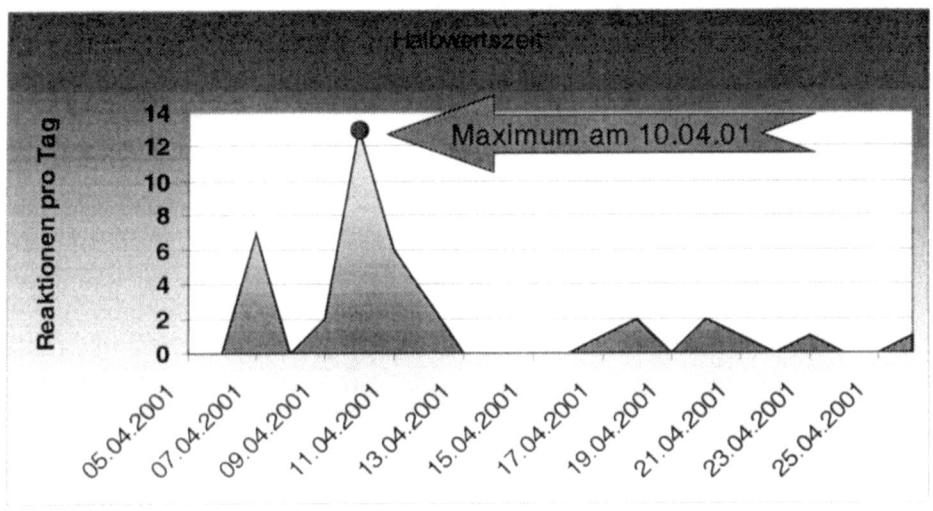

Bild 10: Beispiel einer Halbwertszeitauswertung

5.3.3 Cost per Order und Cost per Interest

Mit dem CPO (Cost per Order) werden die Kosten pro Bestellung ermittelt. Mit dem CPI (Cost per Interest) hingegen die Kosten der Interessentengewinnung.

$$Cost\ per\ Order\ (CPO) = \frac{Gesamtkosten\ der\ Aussendung}{Anzahl\ der\ Aufträge\ oder\ Bestellungen}$$

$$Cost\ per\ Interest\ (CPI) = \frac{Gesamtkosten\ der\ Aussendung}{Anzahl\ der\ Interessenten}$$

Grundsätzlich ist eine Direktwerbeaktion umso erfolgreicher je niedriger der CPO bzw. der CPI ist. Beim CPI gilt dies natürlich nur, wenn aus den Interessenten später auch Kunden werden.

Mit beiden Kennziffern lassen sich noch keine Schlüsse über die Rentabilität einer Aktion ziehen, da sie nur die Anzahl der Rückläufe und die Gesamtkosten, nicht aber die Höhe der Erträge beinhalten.

5.3.4 Break-Even-Point

Der Break-Even-Point (BEP) ist aus der Betriebswirtschaftslehre bekannt und wird auch Rentabilitäts- oder Gewinnschwelle genannt. Er ist eine Kennziffer zur Ermittlung der Wirtschaftlichkeit einer Aktion.

Der BEP wird aus dem Vergleich der Direktwerbekosten mit den aus dieser Aktivität erzielten Deckungsbeiträgen ermittelt. Es ist genau der Punkt, bei dem die Kosten genau der Summe der erzielten DB entsprechen. Der BEP ist damit der prozentuale Kostendeckungspunkt der jeweiligen Direktwerbeaktion.

Ermittlung: (Beispiel für eine Mailing Aktion)

$$BEP = \frac{Werbekosten\ pro\ 1.000\ Ausendungen}{(Verkaufspreis - Stückkosten) \bullet 10}$$

ode

$$BEP = \frac{Werbekosten\ pro\ Stück}{Deckungsbeitrag\ pro\ Bestellung}$$

Der Vorteil des BEP ist der, dass schon vor Beginn der Direktwerbeaktivität ermittelt werden kann, wie viele Bestellungen mindestens eingehen müssen, damit sich die Aktion rechnet. Der BEP dient damit der Planung einer Direktwerbeaktion. In Verbindung mit der Eingangsstatistik und der Halbwertszeit ist zudem sehr schnell ersichtlich, ob das angestrebte Ziel erreicht werden wird oder nicht.

Wenn in der Direktwerbeaktion mehrere Produkte mit unterschiedlichen Deckungsbeiträgen angeboten werden, wird mit einem durchschnittlichen Deckungsbeitrag gerechnet.

Der BEP betrachtet die Rentabilität einer Aktion, aber nicht die weiteren daraus resultierenden Wirkungen. In der Verlagsbranche würde der BEP z.B. in der Planungsphase Mond-Responsequoten erfordern. Dies liegt daran, dass die Gewinnung von Abonnenten sehr teuer ist. Erst bei einer Verlängerung des Abos erwirtschaften viele Verlage positive Deckungsbeiträge. Dieser Kundenwert kann relativ einfach mithilfe des Customer Lifetime Values errechnet werden.

5.3.5 Customer Lifetime Value

Der Customer Lifetime Value (CLV), auch Lifetime Value of a Customer genannt, ist ein längerfristiger Ansatz der Bewertung. Hier werden den Kosten der Kundengewinnung die Deckungsbeiträge über die Dauer der Kundenbeziehung gegenübergestellt.

Der CLV ermöglicht durch seinen langfristigen Ansatz eine bessere strategische Marketing-Planung. Folgendes Beispiel verdeutlicht den Einsatz der CLV bei der Entscheidung:

Bei einem Büroartikel-Händler beträgt der durchschnittliche Jahresumsatz € 1000.-. Der Gewinn beträgt 30%. Im Durchschnitt bleiben die Kunden dem Händler fünf Jahre lang treu. Jeder 10te Kunde empfiehlt den Händler zudem an ein anderes Unternehmen weiter.

Jahresumsatz	€ 1000
Jahre	x 5
Gesamtsumme der Einkäufe	€ 5000
Prozentualer Gewinn	x 30%
Gesamtgewinn	€ 1.666
+ 1/10 Gewinn (neue Kunden durch Empfehlung)	€ 166
Gesamt Customer Lifetime Value	€ 1.832

6 Die besten Direktmarketinginstrumente im B2B

6.1 Anzeigen in Fachzeitschriften

6.1.1 Mögliche Zielsetzungen und Einsatzgebiete von Anzeigen

Fachzeitschriften sind periodisch erscheinende Publikationen über bestimmte, meistens sehr eng eingegrenzte Fachgebiete. In Deutschland gibt es ca. 3500 verschiedene Titel. Sie werden von einer, nach fachlichen und funktionalen Kriterien abgegrenzten Zielgruppe zur beruflichen Information und Weiterbildung genutzt.

Tipp: Eine Übersicht über die meisten in Deutschland erhältlichen Fachzeitschriften findet sich unter www.fachzeitschrift.de.

Um erfolgreiche Direktwerbung mit einer Anzeige durchzuführen, müssen die folgenden Fragen beantwortet werden.

- Welche Zielsetzung soll mit der Anzeige verfolgt werden?
- Welches Segment/ welche Zielgruppe soll angesprochen werden?
- Wo soll die Anzeige geschaltet werden? Welcher Werbeträger ist der Beste? (Fachzeitschrift A, B ..., Tages-, Wochenzeitung ... ,VDI-Nachrichten, IHK-Zeitschrift usw.)
- Wo sollte die Anzeige platziert werden? (Vorder-/ Rückseite, redaktionelles Umfeld, usw.)
- Wie soll die Anzeige aussehen?
- Welche Responsemöglichkeiten sollen vorgesehen werden?

Die Anzeige kann dann das richtige Instrument sein, wenn eine der folgenden Zielsetzungen erreicht werden soll:

Bekanntheitsgrad steigern

Der Bekanntheitsgrad eines Produktes/ einer Dienstleistung/ eines Unternehmens soll verbessert werden.

Imagebildung

Der Aufbau eines positiven Images kann durch Anzeigen gut unterstützt werden. Image schafft bei den Kunden Vertrauen. Dies hat vor allem bei Erstkäufern Bedeutung. Bei potenziellen Wiederkäufern hat das Image eine Bestätigungsfunktion und damit höchstens eine nachgeordnete Bedeutung.

Interessentengewinnung

Aufgrund der jeweiligen Fachgebiete können mit Fachzeitschriften bestimmte Zielgruppen ohne große Streuverluste erreicht werden. Deshalb eignen sich Anzeigen in Fachzeitschriften insbesondere dann sehr gut, um

- neue Kunden in neuen Märkten zu gewinnen bzw.
- neue Produkte in neuen Märkten zu verkaufen.

Wenn auch mit geringerer Bedeutung, können Fachanzeigen ebenso das richtige Instrument sein, wenn es darum geht, neue Kunden bzw. neue Produkte in bestehenden Märkten zu gewinnen bzw. zu verkaufen. Die Bedeutung ist in diesem Rahmen jedoch eingeschränkt, weil mit der Fachanzeige auch vorhandene Kunden erreicht werden, also Streuverluste entstehen.

6.1.2 Auswahl der richtigen Fachzeitschrift

Die Leser von Fachzeitschriften sind in der Regel Fachleute in ihren Tätigkeitsgebieten. Die Fachanzeige richtet sich daher an ein Fachpublikum.

Aufgrund der fachlichen Autorität von Herausgebern und Redakteuren haben Fachzeitschriften ein sehr hohes Ansehen und ein positives Image bei ihren Lesern. Die Bedeutung der Fachzeitschriften zeigt sich auch darin, dass diese nach den Messen auf Platz 2 in der Rangliste der Informationsquellen bei der Suche nach neuen Produkten und Lieferanten stehen.

Für industrielle Produkte und Dienstleistungen, die wenig branchen- und anwendungsspezifisch sind (z. B. C-Teile, Büromaterialien, Werkzeuge, Gebäudereinigung, Sicherheitsdienstleistungen), kommen ggf. auch regionale und überregionale Tageszeitungen und Verbandszeitschriften (IHK-Zeitschrift, VDI-Nachrichten usw.) in Frage.

Tipp: Grundsätzlich gilt, dass je höher die Auflage, desto höher der mm-Preis der Anzeigen. In der Regel sind deshalb Fachzeitschriften bei Anzeigen für industrielle Güter und Dienstleistungen allgemeinen Zeitschriften und Zeitungen vorzuziehen.

Um die geeignete Zeitung bzw. Zeitschrift auswählen zu können, sollten die Mediadaten der jeweiligen Verlage zu Hilfe genommen werden. Diese werden periodisch und kostenlos herausgegeben. Folgende Informationen sind in den Mediadaten enthalten:

Auflage

Je größer die verkaufte Auflage, desto eher kann auf eine starke Leser-Blatt-Bindung geschlossen und ein starkes Interesse der potenziellen Leser an den Themen der Fachzeitschrift unterstellt werden.

Geografische Verbreitung

Die geografische Verbreitung gibt Auskunft über die Inlands-/ Auslandsverbreitung und die Inlandsverbreitung nach Postleitzonen (erste Stelle der PLZ).

18 Geographische Verbreitungs-Analyse:

Wirtschaftsraum	Anteil an tatsächlich verbreiteter Auflage	
	%	Exemplare
Deutschland	95,0	48333
Ausland	5,0	2569
Tatsächlich verbreitete Auflage	100,0	50902
Inlandsverbreitung nach Postleitzonen	%	Exemplare
Postleitzone 0	3,3	1595
Postleitzone 1	2,8	1353
Postleitzone 2	7,1	3432
Postleitzone 3	10,1	4882
Postleitzone 4	14,3	6912
Postleitzone 5	15,3	7395
Postleitzone 6	10,6	5123
Postleitzone 7	19,3	9328
Postleitzone 8	9,7	4688
Postleitzone 9	7,5	3625
Tatsächlich verbreitete Auflage (Inland)	100,0	48333

Tabelle 4: Geographische Verbreitungsanalyse Industrie-Anzeiger

Tipp: Einige Verlage ermöglichen ihren Kunden auch eine sogenannte Teilbelegung mit Beiheftern oder Beilagen nach Postleitzonen. Wenn die Kunden eines Unternehmens regional konzentriert sind, ist es sinnvoll, über eine Beilage an Stelle einer Anzeige nachzudenken.

Leserstrukturanalyse

Die Leserstrukturanalyse zeigt u. a. auf, aus welchen Branchen der Leser kommt, welche Funktion er im Unternehmen ausübt, wie groß das Unternehmen ist u.v.m. Sehr oft gibt es auch noch einen Vergleich zu Konkurrenzprodukten.

19 Branchen/Wirtschaftszweige/Fachrichtungen/Berufsgruppen:

Nummer der Grundsystematik	Emgfängergruppen Bezeichnung lt. Systematik der Wirschaftszweige des Statistischen Bundesamtes	Anteile der ermittelten Leser (LpN)	
		%	Projektion ca.
29/31/35	Maschinenbau/Fahrzeugbau/ Bau von Fahrzeugteilen	20	37600
27	Metallbe- und -verarbeitung/ Metallerzeugung	34	64260
28/28.6/26.7	Stahl- und Leichtmetallbau/ Herstellung von EBM-Waren	8	15120
24	Chemie- und Kuststoffverarbeitung	7	13230
30/31	Elektrotechnik/Elektronik/ Feinmechanik/Optik	8	15120
61.1	Handel	8	11340
74.20.5	Ingenieurbüros	8	11340
15	Nahrungs- und Genussmittel	3	5670
20	Holzgewerbe, Papier, Druck	2	3780
	Sonstige Branchen	8	11340
		100	169000

Tabelle 5: Leserstruktur nach Branchen Industrie-Anzeiger

Tipp: Anzeigen erreichen eine höhere Aufmerksamkeit, wenn bestimmte Branchen oder Berufsgruppen direkt angesprochen werden (z. B.: Kosteneinsparung von bis zu 27 % in der Kunststoffverarbeitung).

7 Anzeigenformate und -preise:
Grundpreise s/w: Empfehlungsanzeigen im Text bzw. neben Text

Format	Breite x Höhe in mm			
1/1 Seite	190 x 270			5640,— €
2/3 Seite	142 x 237	oder	190 x 178	3760,— €
1/2 Seite	94 x 270	oder	190 x 133	2820,— €
1/3 Seite	60 x 270	oder	190 x 88	1880,— €
1/4 Seite	94 x 133	oder	190 x 65	1410,— €
Junior Page	142 x 190			3360,— €

Grundpreise s/w: Empfehlungsanzeigen im Anzeigenteil

Format	Breite x Höhe in mm			
1/1 Seite	190 x 270			5440,— €
2/3 Seite	142 x 237	oder	190 x 178	3626,— €
1/2 Seite	94 x 270	oder	190 x 133	2720,— €
1/3 Seite	60 x 270	oder	190 x 88	1813,— €
1/4 Seite	94 x 133	oder	190 x 65	1360,— €
1/8 Seite	94 x 65	oder	190 x 32	683,— €
3/32 Seite	94 x 48	oder	46 x 99	515,— €
1/16 Seite	94 x 32	oder	46 x 65	345,— €
3/64 Seite	94 x 23	oder	46 x 48	260,— €
1/32 Seite	94 x 15	oder	46 x 32	175,— €

Preise für Sonderformate:

		rechts/links	bis 4-farbig	
4 Seiten	in Folge		bis 4-farbig	14420,— €
Rabattbasis 2,5 Seiten				
2 Seiten	über Bund			12730,— €
Rabattbasis 2,0 Seiten				
2 Seiten	Vorder-/Rückseite		bis 4-farbig	8050,— €
Rabattbasis 1,5 Seiten				

Für weitere Anzeigensonderformen erstellen wir Ihnen gerne ein Angebot.

Ermäßigte Grundpreise* s/w für 1/8 Seite:

für 12 Dispositionen	669,— €
für 18 Dispositionen	658,— €
für 24 Dispositionen	629,— €

Ermäßigte Grundpreise* s/w für 1/16 Seite:

für 12 Dispositionen	333,— €
für 18 Dispositionen	329,— €
für 24 Dispositionen	314,— €

*Preise gelten für Formate ab 1/8 Seite und kleiner. Der Auftrag muss für ein Jahr fest disponiert sein.

8 Preise für Vorausplanierungen:

Tabelle 6: Anzeigenformat und -preise Industrie-Anzeiger

Preisliste

Die Preisliste enthält Zeitschriftenformat, Druckverfahren, Anzeigenformate und deren Preise, Preise für Einhefter, Beilagen usw.

Der absolute mm-Preis einer Anzeige ist in der Regel wenig hilfreich beim Vergleich mehrerer Werbeträger. Hilfreich ist hier der sogenannte Tausenderpreis, der wie folgt ermittelt wird:

$$\text{Tausenderpreis} = \frac{\text{Kosten einer Einschaltung} \cdot 1000}{\text{Werbeträgerkontakt}\,(\text{Leser})}$$

Welcher Wert für den Werbeträgerkontakt anzusetzen ist, richtet sich danach, welches Segment/ welche Zielgruppe letztendlich mit der Anzeige angesprochen werden soll.

Beispiel: Mit einer 1/8 Anzeige sollen im Industrieanzeiger Ingenieurbüros angesprochen werden:

Preis 1/8 Anzeige: € 685.-

Leser Ing.-Büros: 11.340

Redaktionelle Schwerpunkte

Professionell arbeitende Verlage geben eine Halb- oder Jahresplanung der veröffentlichten Sonderthemen heraus.

Tipp: Anzeigen erreichen eine höhere Aufmerksamkeit in der anvisierten Zielgruppe, wenn diese in einem entsprechenden redaktionellen Umfeld geschaltet werden. Anzeigen für Präzisionswerkzeuge würde man im folgenden Beispiel (s. Tabelle 7) in der 3. Ausgabe schalten.

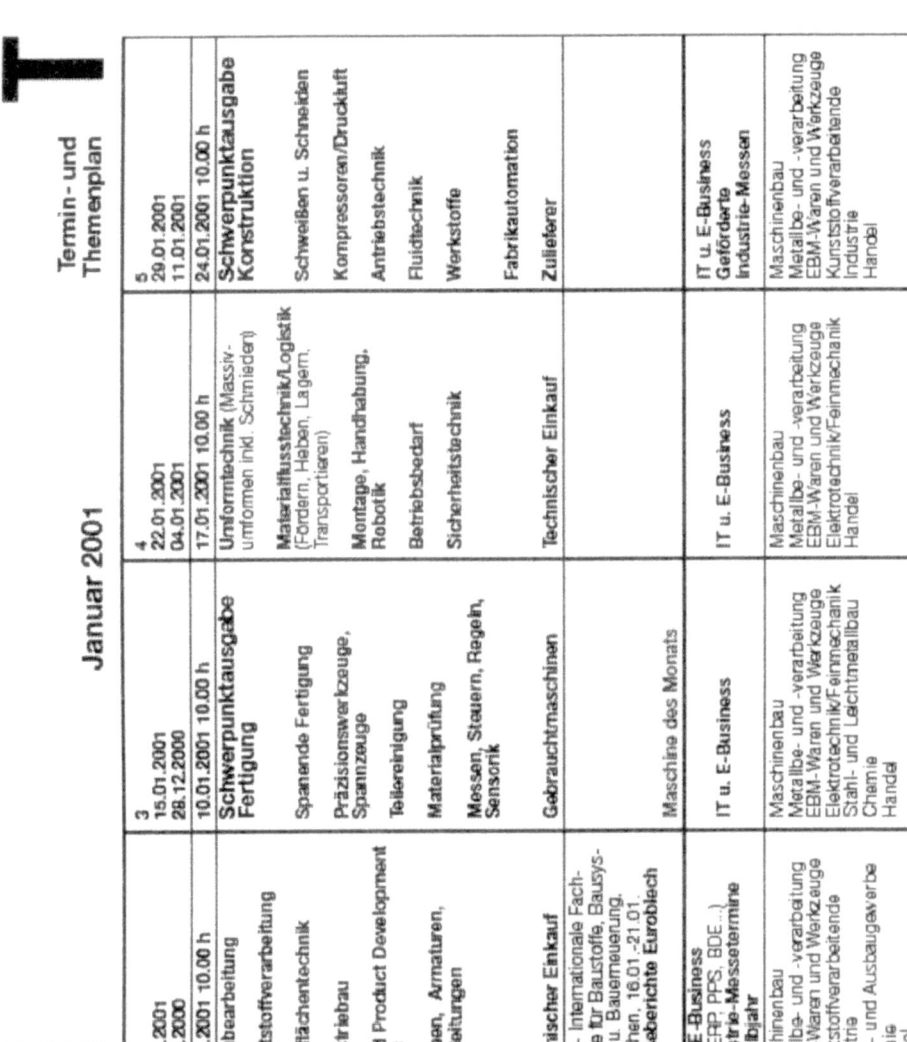

Tabelle 7: Termin- und Themenplan Industrie-Anzeiger

Redaktion, Verlag und weiteres

Diese Rubriken haben für die Anzeigenschaltung selbst eine eher geringere Bedeutung.

Die Mediadaten geben zudem Auskunft über die Erscheinungstermine sowie die Anzeigenschluss- und Druckunterlagenschlusstermine.

Tipp: Ein weiterer wichtiger Punkt ist die Erscheinungshäufigkeit der jeweiligen Zeitung/Zeitschrift. Je größer der Zeitraum zwischen den einzelnen Erscheinungsterminen ist, desto häufiger kann der Leser seine Zeitung/Zeitschrift in die Hand nehmen. Bei einer Tageszeitung beispielsweise ist die Wahrscheinlichkeit, dass der Leser diese zu einem späteren Zeitpunkt wieder in die Hand nimmt, wesentlich geringer als bei einer monatlich oder vierteljährlich erscheinenden Zeitung.

Die meisten Verlage stellen ihre Mediadaten inzwischen auch ins Internet. Sie können so jederzeit eingesehen und bewertet werden.

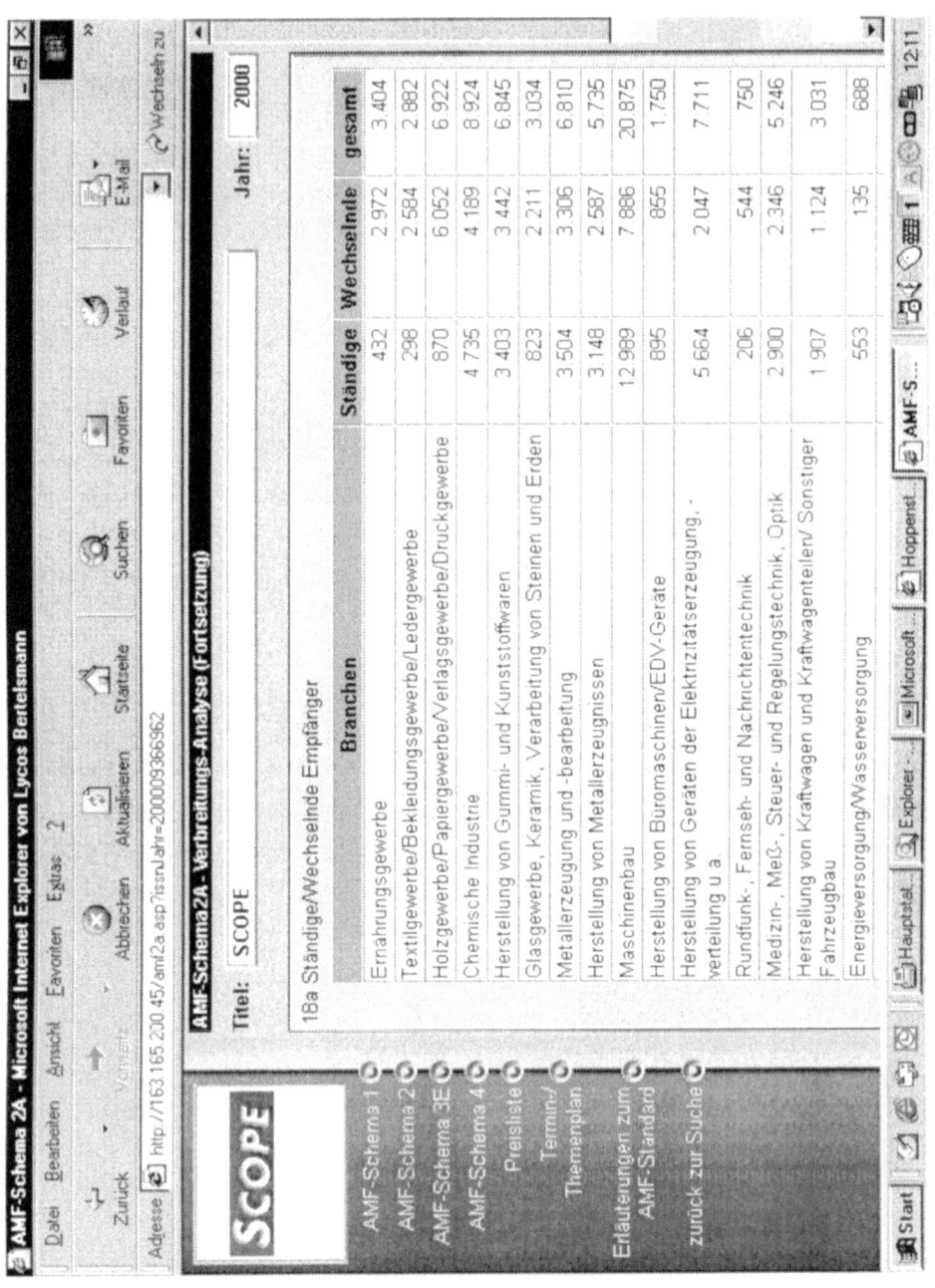

Bild 11: Mediadaten der Fachzeitschrift Scope aus dem Internet

6.1.3 Darstellung und Gestaltung

6.1.3.1 Die Bedeutung des Bildes und der Überschrift

Im Durchschnitt wird eine Anzeige in Fachzeitschriften 3 Sekunden lang betrachtet. Diese 3 Sekunden müssen genutzt werden, um das Interesse des (potenziellen) Kunden zu wecken und diesen zu motivieren, möglichst viele Informationen aufzunehmen.

Wie bei allen anderen Werbemitteln gilt auch für Fachanzeigen, dass sie nicht in ihrer Gesamtheit betrachtet werden. Der Umworbene nimmt nur bestimmte Fixationen wahr. Aktuelle Untersuchungen geben hierbei folgende Hinweise für die Gestaltung einer Anzeige in der Praxis.[1]

- Die Maximalwerte der Betrachtung liegen bei den Elementen mit dem größten flächenmäßigem Anteil an der Gesamtanzeigenfläche.
- Bilder und Überschriften werden am häufigsten und am längsten betrachtet.
- Das Produkt, das Unternehmen (der Unternehmensname) und der Text werden weniger häufig und lang betrachtet.

Tipp: Es werden besonders diejenigen Anzeigen beachtet, die ein großes Bild (mindestens 50 % der Anzeigenfläche) oder eine große Überschrift haben.

Idealerweise enthalten Anzeigen Bilder, die die wichtigste Information transportieren - gleichzeitig wird die Information in einer Überschrift zusammengefasst. Klassisches Beispiel: Abbildung einer Maschine mit einem Kind als Maschinenführer und einer Headline "Die MA320 von Musterfirma ist kinderleicht zu bedienen".

Was Bildinhalte betrifft, so bieten sich Menschen, Tiere, Pflanzen, Landschaften oder das Produkt/ die Leistung selbst an.

---

[1] Die folgenden Empfehlungen sind u.a. aus einer vom Autoren betreuten Untersuchung aus dem Jahre 2001 abgeleitet.

Menschen erzielen die höchste Aufmerksamkeit. Kinder dabei eine noch höhere. Erfolgreiche Manager und Mitarbeiter – die am/ mit dem Produkt arbeiten - vermitteln Glaubwürdigkeit und Vertrauen.

Tiere sind dann sinnvoll, wenn diesen bestimmte Eigenschaften zugeordnet werden, die für das beworbene Produkt, die beworbene Dienstleistung typisch sind. Der Fuchs gilt z. B. als schlau, die Schildkröte hat einen dicken Panzer – kann aber auch langsam sein.

Landschaften und Pflanzen drücken eher Natürlichkeit aus. Dies gilt insbesondere im Rahmen von Werbung für industrielle Filteranlagen, Gebäudereinigung oder chemischen Produkten/ Anwendungen. Außerdem lassen sich mit den Elementen Feuer, Erde, Wasser und Luft Emotionen verschiedenster Art erzeugen.

Produkte, technische Details und Konstruktionspläne als Bildelemente in einer Anzeige können ebenfalls eingesetzt werden. Allerdings sollte es vermieden werden, ausschließlich ein Bild des Produktes zu zeigen. Zahlreiche Untersuchungen zeigen, dass solche Anzeigen am wenigsten beachtet werden. Menschen, die das Produkt bedienen, Detailaufnahmen – beim Audi TT würde man z.B. den Tankdeckel darstellen, bei entsprechend vorgebildeten Adressaten "Aha-Effekt-auslösende" Auszüge aus der technischen Spezifikation oder den Konstruktionsplänen – erreichen eine wesentlich höhere Aufmerksamkeit.

Überschrift

Die Überschrift einer Anzeige ist letztendlich ein Stopper, der den Leser an die Anzeige fesselt. Sie muss daher in der Lage sein, seine Aufmerksamkeit weg von anderen Geschichten, Artikeln, Fotos und Anzeigen hin zur eigenen Botschaft zu lenken.

Mögliche Techniken, um dies zu erreichen sind:

- Die Ankündigungstechnik soll die Neuigkeit als etwas Besseres und auch Neues ankündigen. "Der neue verbesserte *HSS-Bohrer*".
- Die Vorteilstechnik soll die Vorteile, Einsparungen und ggf. Zugaben deutlich machen. "Senken Sie Ihre Maschinenausfallzeiten um *ein Drittel*".
- Mit der Test- oder Herausforderungtechnik wird der Leser direkt angesprochen und provoziert, "Wenn der Wettbewerber in Asien *produziert* ... ".

- Die Auswahltechnik dient zur Selektion der Leserschaft, es werden Gruppen herausgenommen und speziell angesprochen. " Neue Techniken in der AV", "Spezialprogramme für Produktionsleiter", "Sicherer Atemschutz in der *Chemie*".

6.1.3.2 Weitere Gestaltungstechniken

Mit Anzeigen können aufgrund des begrenzten zur Verfügung stehenden Platzes nur wenig Informationen transportiert werden. Die Gestaltung der Anzeige hängt desweiteren maßgeblich von ihrer Zielsetzung ab. Im Rahmen der Direktwerbung ist die Zielsetzung insofern vorgegeben, als der (potenzielle) Kunde in irgendeiner Form zum Response motiviert werden muss. Wenn der Leser sich also für das beworbene Produkt, die Dienstleistung interessiert, dann kann er sich weitere Informationen bestellen. Deshalb gilt für Fachanzeigen in der Direktwerbung, dass die Gestaltung und der Text "Appetit auf weitere Informationen" machen muss.

Grundsätzlich gilt, dass Anzeigen nicht überladen werden sollen. Nicht zu viele Bilder, nicht zu viel Text. Weniger ist hier mehr. Überladene Anzeigen schaffen keine Aufmerksamkeit und keinen Leseanreiz. Der Betrachter wird unnötig angestrengt und überfordert und wird sich anderen Anzeigen widmen. Deshalb bietet sich eine einfache, schlichte Form mit einem einfachen, prägnanten (nicht trivialen!) Inhalt an.

Die beste Lösung:

- ein Bild,
- eine wirkungsvolle Headline,
- ein kurzer erklärender Text
- und die Aufforderung zum Response.

Tipp: Da es sich beim Vertrieb industrieller Produkte und Dienstleistungen sehr oft um sogenannte Vertrauensgüter handelt, ist es durchaus sinnvoll, bei der inhaltlichen Gestaltung sogenannte Testimonials (Referenzkunden) einzusetzen. Das Fallbeispiel erhöht gleichzeitig die Aufmerksamkeit und die Glaubwürdigkeit.

Der Text sollte kurz und prägnant sein. Kurze Sätze und ein einfacher Satzbau helfen hierbei.

Die vermutetet fachliche Kompetenz der Leser von Fachzeitschriften bietet grundsätzlich die Möglichkeit, im Text Fachbegriffe oder Abkürzungen einzusetzen.

Unabhängige Testergebnisse, Auszeichnungen, Spitzenplätze in Rankings usw. sollten in der Anzeige hervorgehoben werden. Diese sind ein Zeugnis der Qualität und Zuverlässigkeit, drücken Glaubwürdigkeit aus und geben Sicherheit. Bekannte Signets von Auszeichnungen oder Qualitätssiegeln können deutlich sichtbar am Rand der Anzeige positioniert werden.

Um die Wiedererkennung und eine eindeutige Zuordnung der Werbebotschaft sicherzustellen, muss in einer Fachanzeige das Logo des werbenden Unternehmens platziert werden. Sollte der Firmenname nicht selbsterklärend sein, ist es ggf. hilfreich, diesen durch einen Zusatz, z. B. einen Claim, zu präzisieren. Beispiel: ICP AG, "Internet, Communication, Payment". Meyer GmbH, "Kräne für den Hochbau".

Der Hintergrund der Anzeige sollte möglichst neutral und hell sein, da sich die unbewusste Aufmerksamkeit zuerst auf dunklere, strukturierte Elemente richtet.

6.1.3.3 Anzeigengröße, –platzierung und -schaltung

Grundsätzlich haben größere Anzeigen auch größere Werbewirkung. Allerdings scheinen einige Untersuchungen darauf hinzuweisen, dass es hier keinen linearen Zusammenhang gibt. Als vorsichtiger Kaufmann ist eher davon auszugehen, dass der Wirkungseffekt der Wurzel aus der Vergrößerung entspricht. Eine doppelt so große Anzeige würde also eine Wirkungssteigerung um den Faktor 1,4 erzielen. Man geht davon aus, dass für unbekannte Marken der Grenznutzen ab einer Größe von 3/8 Seite kaum noch ansteigt.

Im Rahmen der Anzeigeplatzierung ist die Platzierung auf der rechten Seite im oberen Teil der Seite empfehlenswert.

Fachzeitschriften bieten sehr oft die Möglichkeit, Anzeigen im Zusammenhang von bestimmten Themen (redaktionelles Umfeld) zu schalten. Besteht eine möglichst hohe Affinität von Werbeobjekt und Inhalt, kann eine positive Transferwirkung erreicht werden.

Tipp: Sehr oft kann die Wirkung von Fachanzeigen sogar durch eigene Artikel in der betreffenden Fachzeitschrift unterstützt werden. Die Redaktionen sind für solche Fach-Informationen meist offen, wenn diese die Allgemeinheit der Leserschaft ansprechen und interessante Neuigkeiten, z.B. echte Produkt- oder Prozessinnovationen vermitteln.

Eine weitere Möglichkeit, die Aufmerksamkeit des Lesers zu erhöhen, bieten sogenannte Teaser-Anzeigen. Dabei führen mehrere Anzeigen auf verschiedenen Seiten in der Zeitung/Zeitschrift den Leser zu der Hauptanzeige.

Mit der Anzahl der Wiederholungen einer Anzeige steigt auch der Bekanntheitsgrad. Im Rahmen einer massiven Strategie werden in relativ kurzem Zeitraum sehr viele Anzeigen geschaltet, wodurch die Bekanntheit schnell sehr stark ansteigt. Nach Beendigung der Aktion fällt der Bekanntheitsgrad jedoch wieder auf nahezu Null zurück. Bei der verteilten Strategie dagegen werden die Anzeigen auf einen langen Zeitraum verteilt, was zur Folge hat, dass der Bekanntheitsgrad im Zeitablauf nicht wieder abfällt. Untersuchungen zeigen, dass das Verteilen auf einen langen Zeitraum am erfolgreichsten ist.

Tipp: Das Erscheinungsbild einer Anzeige sollte über einen längeren Zeitraum beibehalten werden, um die Wiedererkennung zu vereinfachen.

6.1.4 Responseelemente in Fachanzeigen

Wie für alle anderen Direktwerbemedien im B2B gilt auch für Fachanzeigen, immer mindestens zwei Responseelemente anzubieten und den Leser zum Response aufzufordern.

Neben den für jedes Direktwerbeinstrument möglichen Responseelementen wie Telefonnummer oder E-Mail-Adresse können in Anzeigen auch Coupons oder sogenannte Tip-On-Cards als Responseelement eingesetzt werden.

Coupon-Anzeige

Bei der Coupon-Anzeige wird die Reaktion durch einen integrierten Coupon möglich. Der Interessent kann diesen Coupon ausfüllen, ausschneiden und zurücksenden.

Tip-On-Card

Die Tip-On-Card ist eine eingeklebte, eingebundene oder beigeheftete Antwortkarte. Sie vereinfacht dem Interessenten das Ausfüllen und Versenden und erhöht die Aufmerksamkeit der Anzeige. Das erklärt auch die drei- bis vier Mal so große Rücklaufquote im Vergleich zu der Coupon-Anzeige. Oft wird hinter die eingeklebte Karte nochmals eine Adresse oder Telefonnummer geschrieben. Das ermöglicht eine Reaktion in jedem Fall, auch wenn die Karte verlorengegangen ist.

Ein großer Vorteil der Coupon- und der Tip-On-Card-Anzeige ist, dass auf dem Coupon bzw. der Antwortkarte eine Aktionsnummer aufgedruckt werden kann, die eine genaue Zuordnung ermöglicht. So kann ganz genau ermittelt werden, mit welcher Fachzeitschrift die größte Responsequote erreicht wurde. Beide Responsemöglichkeiten sind bei Fachanzeigen allerdings seltener vorzufinden. Dies liegt bei der Tip-On-Card insbesondere daran, dass viele Fachverlage technisch dazu nicht in der Lage sind.

6.2 Mailing

6.2.1 Erfolgsfaktoren einer Mailing Aktion

Ein Mailing ist eine adressierte Werbesendung, die auf dem Postweg dem Empfänger zugestellt wird. Es bietet sich im Rahmen der Neukundengewinnung ebenso wie zur Kundenbindung an.

Pauschal kann man sagen, dass ein Viertel aller Mailings vom Empfänger genauer betrachtet und mehr als ein Drittel zumindest kurz überflogen werden. Mehr als 60 % aller Mailings werden damit, egal ob kurz oder lang, vom Empfänger beachtet.

Eine Studie der Hochschule Zittau/Görlitz zeigt auf, wo die häufigsten Fehler einer Mailing-Aktion zur Neukundengewinnung gemacht werden:

- 90% der Unternehmen gehen ohne systematische Analyse und Vorbereitung vor,
- 75% haben erhebliche Probleme, den richtigen Ansprechpartner zu ermitteln,
- 45% haben die Adresse falsch geschrieben,
- 48% haben erhebliche Probleme bei der Gestaltung von Mailings
- und 25% fehlt ein verständlicher Appell an den Empfänger.

Positiv formuliert ist ein erfolgreiches Mailing demzufolge das Ergebnis eines guten Konzeptes. Ein solches wird in fünf Schritten entwickelt:

1. Was soll erreicht werden? Zielsetzung: Vor Beginn jeder Direktmarketing-Aktion muss festgelegt werden, welches Ziel erreicht werden soll.
2. Wer soll erreicht werden? Zielgruppe/ Segment: Je genauer, je enger die Kriterien zur Definition des Segmentes gefasst werden, desto höher ist die Erfolgswahrscheinlichkeit.
3. Wann soll die Zielgruppe erreicht werden? Zeitpunkt: Das Informationsangebot, das Produkt bestimmt, ob eine zeitliche/ saisonale Abhängigkeit oder ob eine freie Wahl des Timings besteht. (Falsch wäre z. B. Lebkuchen im Januar, eine Ersatz-Maschine ein Jahr nach dem Kauf anzubieten).
4. Was soll mitgeteilt werden? Informationsangebot: Die Information beschreibt die Botschaft, die den Empfänger erreichen soll. Dieser wird das Mailing nur dann lesen und verstehen, wenn es ihn interessiert oder

anders gesagt, wenn er damit rechnet, durch die Investition des Lesens einen Vorteil zu erlangen. Ein Mailing muss daher mindestens einen – höchstens drei - einzigartigen, alles entscheidenden Vorteile für den Kunden, den Leser haben.

5. Welche Form soll gewählt werden? Layout: Die Gestaltung der Werbemittel? Die Wahl der Responseinstrumente? Auch sie beeinflussen den Erfolg der Werbeaktion.

Wenn diese Erfolgsfaktoren beachtet werden, ist der Grundstein dafür gelegt, dass das Mailing bei der Zielgruppe wahrgenommen wird und vor allem, dass es zur beabsichtigten Reaktion kommt. Dabei haben diese Erfolgsfaktoren aber noch eine unterschiedliche Gewichtung:

Wenn die Zielsetzung feststeht (= Grundbedingung) wird der Erfolg eines Mailings zu

- 50% durch die Auswahl der richtigen Zielgruppe, die Adresse,
- 20% durch das richtige Timing,
- 20% durch das richtige Informationsangebot und
- 10% durch die richtige Kreation, die Gestaltung des Mailings bestimmt.

Im Folgenden sollen die wichtigsten Erfolgsfaktoren bei der Gestaltung eines Mailings behandelt werden.

6.2.2 Gestaltung der einzelnen Mailingbestandteile

6.2.2.1 Die Bestandteile eines Mailings

Einfache Mailings bestehen nur aus einem Kuvert und einem Anschreiben. Man sollte aber grundsätzlich ein Antwortelement vorsehen. Gegebenenfalls kann dies auch auf die Rückseite des Anschreibens gedruckt werden.

Der Klassiker ist das "Mail-Order-Package", welches aus

- einem Kuvert,
- einem Anschreiben,
- einem Prospekt und
- einem Antwortelement/ Responseelement

besteht.

Eine Sonderform des Mailings ist die Postkarte. Diese kann eingesetzt werden, um den Kunden kurz über eine Aktion zu informieren, ihn zu einer Messe o.ä. einzuladen oder um einfach einen Gruß zu verschicken und sich in Erinnerung zu halten.

6.2.2.2 Der erste Eindruck: Das Kuvert

Entscheidend für die Gestaltung des Kuverts ist es, ob der Empfänger seine Post selbst öffnet oder dies durch Dritte geschieht. In Klein- und mittelständischen Unternehmen mit eigener Buchhaltung/ kfm. MitarbeiterIn und in Großbetrieben wird die Post den Empfängern in der Regel geöffnet in Postmappen überreicht. In kleineren Handwerks- und Dienstleistungsbetrieben hingegen wird die Post von den Inhabern, der Geschäftsleitung geöffnet.

Wenn der Empfänger die Post selbst öffnet, hat das Kuvert nicht nur die Aufgabe, die einzelnen Bestandteile des Mailings zusammenzuhalten und zu schützen, sondern muss auch das Interesse des Empfängers wecken. Beim Öffnen durch Dritte kann darauf verzichtet werden. Hier sollte das neutrale Sichtfensterkuvert eingesetzt werden.

Bei "Selbstöffnern" wird die Bedeutung des Briefumschlages für den Erfolg eines Mailings zu oft unterschätzt: Das Kuvert wird vom Empfänger zuerst wahrgenommen. Er beschäftigt sich bis zu 10 Sekunden damit. In diesen Sekunden wird darüber entschieden, ob der Brief überhaupt geöffnet oder ungeöffnet weggeworfen wird.

Tipp: Bevor Sie mit dem Entwickeln eines Mailings beginnen, sollten Sie klären, ob der Empfänger das Mailing selbst öffnen wird.

Folgende gestalterische Aspekte sollten beim Umschlag beachtet werden[2]:

---

[2] Im Folgenden werden die wichtigsten Erkenntnisse des Instituts Schantz, Neubauer und Partner, die diese in über 10 jähriger Grundlagenforschung ermittelt haben, zusammengefasst. Ausführlich werden diese in Schantz, 2002 diskutiert und mit konkreten Anwendungsbeispielen dargestellt.

Adresse/ Adressfeld

Zunächst einmal müssen alle Adressdaten richtig geschrieben sein. Falsch geschriebene Adressen sind Ausdruck für die Missachtung der Persönlichkeit. Diese Mailings landen eher im Papierkorb als alle anderen.

Während früher die Adresse auf den Briefumschlag aufgeklebt oder aufgedruckt wurde, werden heutzutage in der Regel Umschläge mit Sichtfenster eingesetzt. Diese Form ist im B2B state-of-the-art und hilft außerdem Zuordnungsfehler zu vermeiden.

Format

Auch wenn aufgrund postalischer Freiheiten heute fast jede Form von Briefumschlägen befördert wird, sollten in der B2B-Kommunikation gängige DIN-Größen für die Umschläge benutzt werden. Sie drücken eine größere Professionalität und Seriosität aus und sind außerdem wesentlich preiswerter als Sonderformen. Sonderformen hingegen haben den Vorteil, dass sie eine größere Aufmerksamkeit erzielen können, vorausgesetzt der Empfänger des Mailings öffnet dieses auch selbst.

Absender

Auf dem Umschlag sollte immer der Absender vermerkt sein.

Frankierung

Da freigestempelte Sendungen im B2B ohnehin die Regel sind, kommt der Frankierung keine besondere Bedeutung zu.

Vorausverfügung

Wenn der Umschlag mit dem Hinweis "Wenn verzogen, bitte mit neuer Anschrift zurück" versehen wird, liefert die Post nicht zustellbare Briefe mit der neuen Anschrift an den Absender zurück. Im B2C hat dies durchaus eine große Bedeutung. Im B2B funktioniert dies aber nur, wenn der Firmensitz verlegt wurde. Änderungen in der Geschäftsführung oder im Management können auf diesem Wege nicht ermittelt werden.

6.2.2.3 Die Gesprächseröffnung: Das Anschreiben

Der Brief stellt das Angebot und dessen Vorteile dar. Findet das Anschreiben kein Interesse oder wird es nicht verstanden, dann hat das gesamte Mailing wenig Erfolgsaussichten. Das Anschreiben ist daher das wichtigste Element eines Mailings.

Aus Untersuchungen mit Augenkameras geht hervor, dass das Anschreiben so aufgebaut werden sollte, dass der Leser den Brief in einer S-förmigen Kurve von oben nach unten betrachtet. Durch geschickte Gestaltung kann dieses Leseverhalten genutzt werden, um das Interesse des Empfängers zu verstärken.

Ein Anschreiben wird gegebenenfalls mehrmals gelesen. Beim ersten Blickkontakt werden noch keine Texte gelesen, sondern Bilder, bildähnliche Teile und eventuell Headlines und Hervorhebungen betrachtet.

Diese einzelnen Gestaltungselemente werden im folgenden vorgestellt.

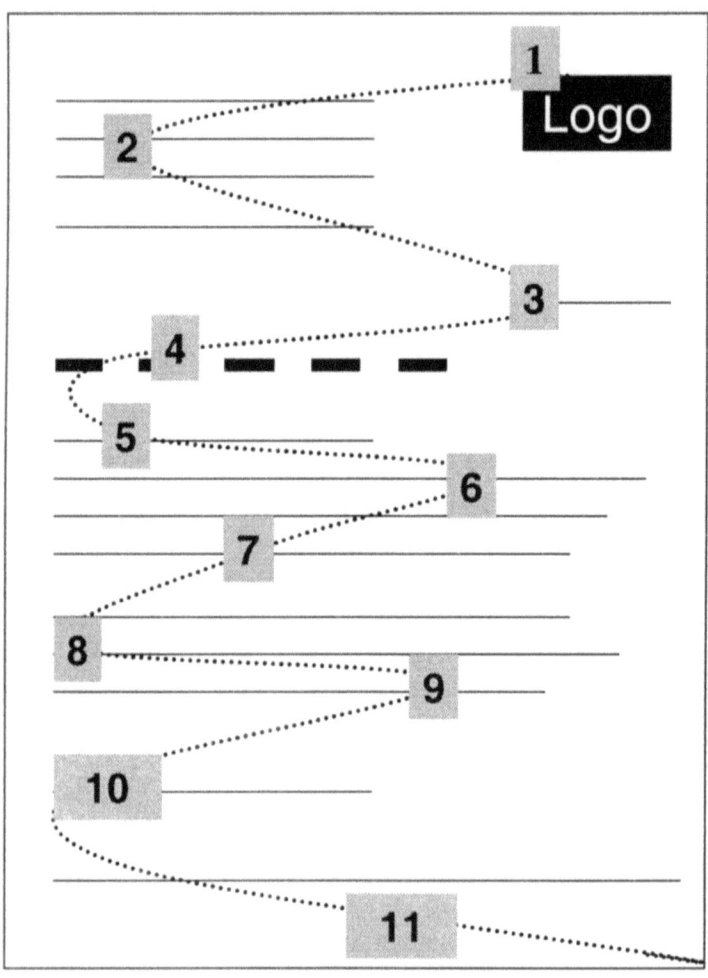

Bild 12: Muster-Lesekurve eines Anschreibens

1. Firmenlogo/ Der Absender

Meistens reicht es im B2B aus, das "normale" Geschäftspapier einzusetzen. Hier befindet sich oben rechts oder oben in der Mitte das Firmenlogo, meistens in Farbe. Großer Sympathie erfreuen sich Profil-Bilder (Pass-Bilder) des Absenders. Diese können insbesondere im Rahmen der Kundenbindung eingesetzt werden. Wichtig ist aber, dass der Blick der Augen auf den Empfänger gerichtet ist.

Direkt unterhalb des Logos kann ein Dialog-/ Beraterblock eingesetzt werden. Neben dem Namen und der Telefon-Durchwahl gehört hierzu heutzutage die E-Mail-Adresse.

Tipp: Persönliche Anschreiben verlangen immer auch persönliche und individuelle Dialogmöglichkeiten. Dies sind neben der Durchwahl, die E-Mail-Adresse und ggf. die Mobil-Telefonnummer.

2. Adressfeld

Der Name ist das am meisten benutzte Hauptwort eines Menschen, sozusagen sein persönliche Logo. In der heutigen Zeit ist es daher selbstverständlich, dass Briefe immer personalisiert sind. Man spricht einen Menschen immer mit seinem Namen an. Anonyme Briefe an ein Unternehmen oder eine Abteilung zeugen hingegen von Gleichgültigkeit.

Den persönlichen Namen sehen die Empfänger, ohne ihn tatsächlich zu lesen. Er kann im Adressfeld zusammen mit dem Titel/ der Funktion des Empfängers fett hervorgehoben werden.

3. Datum

In der Regel wird das Originaldatum eingesetzt. Falls das Mailing mehrmals verschickt, aber nur einmal gedruckt wird, ist es ratsam, das Datum zu "unterschlagen". Ein offen gelassenes Datum kann nämlich bedeuten: "nicht so wichtig", "nicht so eilig", "für die Masse".

4. Die Headline/ Die Überschrift

Die Headline auf dem Titel einer Zeitschrift oder Zeitung kann darüber entscheiden, ob die Zeitschrift gekauft wird oder nicht. Die Headline in einer Tageszeitung entscheidet darüber, ob der zugehörige Artikel gelesen wird oder nicht. Wer sich durch die Überschrift nicht angesprochen fühlt, geht zum nächsten Beitrag über.

Diese Prinzipien gelten auch für Mailings und insbesondere für die Anschreiben. Eine Headline muss sitzen, muss zum Weiterlesen motivieren, sollte den größten Nutzen transportieren. Dabei sollten folgende Aspekte berücksichtigt werden:

- Wörter gebrauchen, die einen Vorteil versprechen, z. B.: Gewinn machen, sparen, neu, preiswert ...
- Den Leser persönlich ansprechen. Der kommunizierte Vorteil bezieht sich dadurch direkt auf ihn. Einige Beispiele sind: Machen Sie 15 % mehr Gewinn, Sparen Sie bares Geld, Gewinnen Sie ...
- In der Gegenwartsform schreiben. Vergangenes ist Geschichte. Die Zukunft hat noch nicht begonnen. Nur das Heute zählt für den Leser.
- Fremdwörter in einer Headline so sparsam wie möglich einsetzen und nur gebrauchen, wenn sichergestellt ist, dass der Empfänger diese auch versteht.
- Maximal 9 Worte verwenden, besser sind 7 Worte. Erstklassige Headlines bestehen aus maximal 5 bis 6 Worten.

Hier einige Beispiele für Headlines. Leicht abgewandelt, auf die jeweilige Zielsetzung, das jeweilige Segment bezogen, können diese in vielen Aktionen eingesetzt werden.

- Neue Chancen für Ihren Metallbau mit Technischer Keramik
- Wenn Liefertreue für Ihre Kunden wichtig ist
- Wie Sie mit Ihrem Kundenservice Kunden gewinnen können
- Gewinnen Sie mehr Überblick über die Reisezeiten Ihres Außendienstes

Tipp: Heutzutage verzichtet man auf die alte Betreffzeile mit "Ihr Zeichen", "Unser Zeichen", "Geschrieben" usw. – Sie bringt einfach nichts!

5. Die Anrede

In der Anrede werden der Titel (bei Dr., Prof. usw.) und der Name wiederholt. Statt der trockenen Anrede "Sehr geehrte Frau ..." kann die Anrede im B2B durch einige Ergänzungen ein wenig privatisiert/ emotionalisiert werden. Drei Beispiele hierfür sind:

- regionale Grußformel: Grüß Gott, (oder Moin, Moin), sehr geehrte Frau ...,
- Guten Tag, sehr geehrte Frau ...,
- Handschriftliche Eintragung der Anrede

6. – 8. Der Brieftext

Im B2B sollte das Anschreiben nicht länger als eine Seite sein. Es sollten nur die drei wichtigsten Kundenvorteile transportiert werden. Alles weitere kann in die Beilagen gepackt werden.

Absätze von max. fünf Zeilen verstärken die Lesebereitschaft. Besser sind aber noch weniger Zeilen. Dem Leser wird durch den optischen Eindruck signalisiert: Dieser Brief ist leicht und schnell zu lesen.

Blocksatz erschwert die Informationsaufnahme unnötig. Die Textblöcke daher nicht in Blocksatz, sondern linksbündig schreiben. Die Ränder ergeben sich in der Regel durch das Geschäftspapier. Der linke Rand sollte mindestens 2,5 cm, der rechte größer sein.

Als Schriftart *können* die herkömmlichen Schreibmaschinentypen (z. B. Times New Roman) verwandt werden. Die o. a. Schriften sind sogenannte Serifenschriften (Buchstaben mit "Füßchen"), sie geben dem Auge Halt in Form von Führungslinien. Es *sollte* allerdings die Hausschrift genommen werden. Der Nachteil der Serifenschriften ist, dass diese ein wenig hausbacken wirken. Arial, Helvetica usw. sind eher zeitlos und von Modeeinflüssen unabhängig.

Die Schriftgröße sollte nicht kleiner als 12 Punkt sein. Die Headline 16 bis 18 Punkt und fett, aber nicht in VERSALIEN/ KAPITÄLCHEN. Diese sind schwierig zu lesen.

Unterstreichungen im Text und Fettdruck sind Haltepunkte, Fixierpunkte für unsere Augen. Maximal zwei Worte sollten jedoch an maximal drei verschiedenen Stellen im Text hervorgehoben werden. Hiermit kann jeweils ein besonderer Vorteil (insgesamt also die drei entscheidenden Nutzenargumente) hervorgehoben werden.

Tipp: Hervorhebungen werden nur bemerkt, wenn diese sparsam eingesetzt werden. Maximal an drei verschiedenen Stellen im Text. Den Unternehmens- oder Produktnamen nie hervorheben.

Eine besondere Hervorhebung ist das Einrücken. Dies kann immer bei besonders wichtigen Informationen eingesetzt werden. Zum Beispiel bei Terminen.

Bilder sollten vorsichtig in B2B-Anschreiben eingesetzt werden. Bildelemente möglichst links platzieren. Mehr als ein Bildelement ist auf keinen Fall zu empfehlen. Allgemein bekannte Clip-Arts aus Office-Programmen wirken "hausbacken" und wenig professionell.

Ein gutes Anschreiben zeichnet sich dadurch aus, dass der Leser die drei wichtigsten Vorteile des Angebotes erkennt und auftretende Fragen im Verlauf des Briefes beantwortet werden. Für den Dialog ist eine einfache, präzise und kurze Ausdrucksweise zu wählen. Der Leser muss die Botschaft des Schreibens wahrnehmen und dem Inhalt folgen können. Kurze Sätze sind hier hilfreich.

Tipp: Drucken Sie den ersten Entwurf Ihres Anschreibens aus und markieren Sie jedes Komma, jeden Bindestrich mit einem roten Kringel. Ersetzen Sie jedes Komma, jeden Bindestrich mit einem Punkt oder durch ein Ausrufezeichen.

Vermeiden Sie im Text auf jeden Fall
- einen passiven Stil,
- allgemeine Aussagen,
- zusammengesetzte Wörter,
- zu viele Fremdwörter,
- unnötige Wiederholungen,
- allgemeine Floskeln.

9. Konkrete Handlungsempfehlung

Beendet werden sollte das Anschreiben mit einer konkreten Aufforderung zum Handeln. Diese gibt dem Empfänger des Mailings Orientierung. Die Erzielung von Response ist ja die eigentliche Aufgabe des gesamten Mailings und damit des Anschreibens.

10. Schlussformel und Überschrift

"Mit freundlichen Grüßen" ist der (langweilige) Klassiker. Moderner sind z.B. "Viel Erfolg wünscht Ihnen ..." oder "Einen erfolgreichen Tag wünscht Ihnen ...". Grußformeln, die auf regionale Aspekte eingehen "... aus Friesland nach Schwaben ..." können im Unterbewusstsein eher Distanz schaffen oder aber auch eine besondere Sympathie ausdrücken.

Das Anschreiben sollte mit lesbarem Vor- und Zunamen - in blauer Farbe - unterschrieben werden. Zusätzlich sollten Vor- und Zuname aber auch in gedruckter Form wiederholt werden. Bei Neukunden sollte das Anschreiben auf jeden Fall immer nur eine Unterschrift tragen. Eine zweite Unterschrift kann signalisieren, dass damit die erste abgesichert werden muss. Warum? Auch bei Kunden und Freunden des Hauses kann auf die zweite Unterschrift natürlich verzichtet werden.

In der Neukundengewinnung sollten eigene Titel und Funktionen nur sparsam eingesetzt werden. Ein Unter-/ Überordnungsverhältnis muss vermieden werden. Kompetenz durch Ausbildung, z. B. Dipl.-Ing., sollte wiederum zum Ausdruck gebracht werden.

Anschreiben mit "gez.", "Dieses Schreiben wurde maschinell erstellt ...", "nach Diktat vereist" wandern meistens direkt in den Papierkorb.

Tipp: Bei Aussendungen bis zu 250 Briefen sollten diese auf jeden Fall persönlich – per Hand – unterschrieben werden. Das dauert nur einige Minuten, hat aber eine große Wirkung.

11. Das Postskriptum

Das PS ist der erste Absatz, den der Leser vollständig liest. Allerdings konnte das Institut Schantz, Neubauer und Partner mit seiner Augenkamera nachweisen, dass das PS in den letzten Jahren an Bedeutung verloren hat. Nur wenn ein wichtiger Kundenvorteil oder eine aktive Handlungs-Aufforderung mit zeitlicher Begrenzung im Postskriptum stehen, wird dieses gelesen. Zum Beispiel: Wenn Sie bis zum 15. November bestellen, garantieren wir Ihnen noch eine Lieferung in diesem Jahr. Ein neuer Problemkreis sollte jedoch niemals im Postskriptum angesprochen oder diskutiert werden.

6.2.2.4 Der Verkäufer: Der Prospekt, der Katalog

Aufgabe eines Prospektes ist es, das im Mailing angeführte Angebot zu ergänzen und konkret darzustellen – das Interesse weiter zu verstärken, um letztendlich eine Reaktion auszulösen.

In der Praxis kann der Prospekt verschiedenste Formen annehmen. Von der einseitigen Angebotsseite, dem Angebotsflyer über mehrseitige Broschüren bis zu kompletten – mehrere 100 Seiten starken Katalogen.

Am häufigsten werden im B2B die kleinen und kostengünstigen Flyer und die etwas aufwendigeren Broschüren im Rahmen von Mailings verwendet. Der Katalog wird meistens als ein separates Paket oder nach Aufforderung durch den Interessenten versendet.

Der Aufbau eines Prospektes ähnelt grundsätzlich dem einer Präsentation eines professionellen Verkäufers: Zuerst die Darstellung eines wichtigen Kunden-Problems, dann die Lösung mit dem Angebot und schließlich die Aufforderung zur Reaktion, zum Handeln.

Bei der Gestaltung eines Prospektes gilt es folgende Erfolgsfaktoren zu berücksichtigen:

Titelseite

Der Titelseite kommt im Prospekt eine besondere Bedeutung zu. Sie soll den Leser in das Werbemittel "hineinziehen", ihn neugierig auf die Innenseiten machen. Dies kann man am besten mit einem großen Bild, einer Headline und ggf. einer weiteren Erklärung erreichen.

Innenseiten

Der klassische Blickverlauf auf den Innenseiten ist ein anderer als im Anschreiben. Beim Aufblättern wird zunächst die rechte obere Seite gesehen. Am unteren rechten Rand steigt das Auge jedoch oftmals direkt wieder aus. Um dies zu verhindern, gestaltet man die linke Seite interessanter als die rechte und versucht mittels grafischer Elemente den Blick nach links zu locken. Deshalb sollten auf der linken Seite größere Bilder, farbigere Bilder und eventuell Menschen abgebildet werden.

Auch im Prospekt können treffende Headlines und Hervorhebungen eingesetzt werden, um den Nutzen für den Kunden darzustellen.

Rückseite

Auf der Rückseite des Prospektes ist es sinnvoll, noch einmal das Angebot, den kaufentscheidenden Vorteil und auch den angebotenen Preis kurz zusammengefasst darzustellen - falls der Leser doch nur die Rückseite des Folders betrachtet. Das Institut Schantz, Neubauer und Partner hat mit seiner Augenkamera herausgefunden, dass die Mehrzahl der Menschen zunächst auf die Rückseite eines Prospektes schauen und dort dann noch um bis zu 80 Prozent länger verweilen als auf der Vorderseite.

Grundsätzlich berücksichtigt werden sollte bei der Gestaltung des Prospektes auch das Gewicht und die Größe. Es gilt: je schwerer und größer das Mailing, umso mehr steigen auch die Kosten, insbesondere die des Versandes.

Tipp: Bei kleinen Auflagen bis 500 Stück haben die Versandkosten nur einen verhältnismäßig kleinen Anteil an den Gesamtkosten. Diese werden hier deshalb vernachlässigt.

6.2.2.5 Das Responselement

Mit dem Antwortelement soll die Möglichkeit zur Reaktion erleichtert werden. Separat beiliegende Antwortelemente oder auf der Rückseite des Anschreibens aufgedruckte Faxdialoginstrumente bringen zwei bis drei Mal höhere Responsequoten als Mailings ohne jegliche Antwortelemente.

Im B2B wird heute in mehr als 80 Prozent der Fälle das Fax als Responseinstrument eingesetzt. Deshalb sollte jedem Mailing im B2B auch ein Fax-Dialoginstrument beigelegt werden. Bei der Gestaltung eines schriftlichen Responseelementes gilt es folgende Erfolgsfaktoren zu beachten:

- Grundsätzlich gilt die Regel nicht zuviel vom Kunden zu verlangen. Die Reaktionsmöglichkeit ist deshalb so einfach wie möglich zu gestalten.

- Das Responseelement sollte so weit wie möglich vorpersonalisiert sein. Dazu gehören die Adresse des Empfängers und weitere Personalisierungen.
- In Freifeldern können ggf. Ergänzungen, Korrekturen durchgeführt werden. Am besten: Der Antwortende muss nur noch durch Absenden der Karte dem Angebot zustimmen.
- Ist es unumgänglich, weitere, konkretisierende Informationen anzufordern, sollte dies dem Leser durch einfaches Ankreuzen entsprechender Felder möglich sein.
- Auf eine Unterschrift kann weitestgehend verzichtet werden. Dies gilt insbesondere bei Kunden.
- Antwortkarten/ Antwortbriefe als "Rückantwort" gestalten. Das Unternehmen hat hier ohne wenn und aber das Porto zu übernehmen.
- Bei Faxantworten auf Vorder- und Rückseite die Faxnummer abdrucken. Psychologische Wirkung bei Selbstfaxern: "Die denken an alles".
- Faxantworten so gestalten, dass diese auch in einem Fensterbriefumschlag per Post zugestellt werden können.
- Immer mindestens zwei Responsemöglichkeiten angeben. Im B2B am besten: Fax plus Telefon oder Fax und E-Mail.

Tipp: Auch in Zukunft wird das Fax seine überragende Stellung als Responselement in der schriftlichen Kommunikation behalten. Gleichwohl wird die Antwortmöglichkeit über E-Mail an Bedeutung gewinnen.

6.2.3 Weitere Verstärker und Mittel zur Response-Steigerung

Der Response fällt je nach Adresse/ Segment, Angebotsform, Preisniveau usw. höchst unterschiedlich aus. Bei Neukundenadressen – auch sogenannten kalten Adressen – werden im B2B im Durchschnitt 3 % erzielt. Dies ist aber eine Durchschnittszahl. 0,4% oder 8% Rücklauf sind genauso möglich. Bei Kundenadressen wird i. d. R. ein deutlich höherer Response erzielt. 5%

bis 10 % sind durchaus machbar und auch Aktionen mit über 20 % sind bekannt. Dabei gilt es eine prinzipielle Regel zu beachten: Der Response ist umso höher,

- je attraktiver das weitere Angebot für den Empfänger des Mailings ist,
- je geringer seine Verpflichtungen, die aus dem Response entstehen und je
- einfacher der Empfänger reagieren kann.

Speziell bei Mailings im B2B gibt es einige weitere sogenannte Verstärker, die helfen können, den Response zu erhöhen.

Zeitliche oder inhaltliche Begrenzungen

Um zu vermeiden, dass das Mailing zunächst einmal zur Seite gelegt wird, um sich später damit zu beschäftigen, ist es sinnvoll, das Angebot zeitlich zu begrenzen.

Tipp: Zeitliche und sachliche Begrenzungen müssen in der B2B-Kommunikation immer plausibel und allgemein verständlich erklärt werden.

"Trotz der gestiegenen Rohstoffpreise für Papier, garantieren wir Ihnen diese Kennlernpreise bis zum 31. Oktober 2002"!

Sachliche Begrenzungen beziehen sich z. B. auf Lager- und Verfügbarkeitsmengen.

Referenzen/ Testgutachten

Industrielle Güter und Dienstleistungen sind sehr oft sogenannte Vertrauensgüter. Der Kundenvorteil kann mit Testgutachten, Referenzen bzw. Referenzanlagen bewiesen werden. Diese können in (ordentlicher) Kopie dem Mailing beigelegt werden. Im Anschreiben erfolgt ein entsprechender Hinweis.

"Schauen Sie jetzt in die beigefügte Mappe. Dort sehen Sie wie Siemens mit der neuen Automatisierungssoftware 16,12 % seiner Programmierkosten sparen konnte."

Early Birds und Gutscheine

Auch sogenannte Early-Birds können in der B2B-Kommunikation eingesetzt werden. Dies sind kleine Geschenke, die die ersten Einsender als Belohnung für ihre schnelle Reaktion erhalten.

"Die ersten 100 Einsender erhalten zusätzlich zum Katalog eine CD-ROM mit dem aktuellen Rabattgesetz"!

Gutscheine bieten sich bei Messeeinladungen an. Sie können auf dem Messestand eingelöst werden. Der Response kann sehr genau erfasst werden. Ebenso gut sind im B2B Gutscheine einsetzbar, die mit der ersten Bestellung verrechnet werden

Kostenlose Zugaben und Werbegeschenke

Geschenke verpflichten bekanntermaßen. Sie müssen allerdings im B2B unbedingt in einem sinnvollen Zusammenhang zum Inhalt des Mailings stehen. Kugelschreiber oder Feuerzeuge sind hier in der Regel fehl am Platz. Kleine Schraubendreher, mit denen Brillengestelle nachgezogen werden können, helfen ein Thema zu transportieren. Bausätze können illustrieren, wie einfach sich eine Maschine in den bestehenden Produktionsprozess integrieren lässt.

Proben, Teile aus dem Gesamtangebot/ aus der Maschine

Der Vorteil von solchen Beigaben ist, dass der Empfänger des Mailings sich zwangsläufig eher länger mit diesem beschäftigt. In der Technik eignen sich z. B. alltägliche Bauteile wie kleine elektrische Widerstände oder kleine Solarzellen, die einen kleinen Ausschnitt aus der Gesamtlösung zeigen. Ein Papierhersteller hat an die großen Lebensmitteleinzelhändler ein Angebot mit besonders umweltfreundlichen Papiertragetaschen gemacht und dem Mailing gleich eine Probe in Form einer Mini-Tasche beigelegt. Der Hersteller von Holzlack kann ein behandeltes und ein unbehandeltes Stück Holz beilegen.

CD-ROMs, Videokassetten oder auch Disketten können ebenfalls einem Mailing beigelegt werden. Diese sollten weitere Informationen enthalten oder aber über Suchfunktionen, Videosequenzen o.ä. dem Empfänger einen zusätzlichen Nutzen gegenüber den Printmedien bieten. Allerdings ist darauf zu achten, dass die jeweiligen Programme selbstablaufend sind. Wenn zu deren Nutzung weitere Programme installiert werden müssen, sollte man auf solche Beilagen im B2B eher verzichten.

Gewinnspiele

Selbst Gewinnspiele erhöhen, wenn diese richtig und vorsichtig eingesetzt werden, den Response im B2B. Allerdings ist darauf zu achten, dass die Qualität des Responses normalerweise nachlässt. Gewinnspiele können aber immer dann sinnvoll eingesetzt werden, wenn es darum geht, Informationen in der eigenen Datenbank zu aktualisieren oder zu ergänzen. Ein großer Verlag hat Anzeigenkunden und große Mediaagenturen angeschrieben, um die Anforderung weiteren Informationsmaterial bzw. die Vereinbarung eines Außendienstbesuch zu erzielen. Jede Einsendung nahm automatisch an einer Verlosung teil. Zu gewinnen gab es ein Wochenende für zwei Personen in einem Traumhotel. Fast 20 % der Kreativen haben daraufhin geantwortet.

Die Responseverstärker haben allesamt das Ziel, Aufmerksamkeit und Neugierde beim Empfänger zu wecken, damit sich dieser mit dem Angebot beschäftigt und letztendlich reagiert. Beim Einsatz der Responseverstärker ist jedoch darauf zu achten, dass sie zum Image der Firma, zum Angebot und zum angeschriebenen Empfängerkreis passen. Gedankenlos eingesetzte Responseverstärker, z. B. eins zu eins aus dem B2C übernommene, stellen die Seriosität des Absenders infrage und sind daher eher kontraproduktiv.

6.3 Telefonmarketing

Eines der ältesten Instrumente der Direktwerbung ist das Telefon. Im B2B ist der Einsatz des Telefons zur Gewinnung von Neukunden bzw. zum Verkauf von Produkten dann erlaubt, wenn vermutet werden kann, dass der Grund des Anrufs im geschäftlichen Interesse des Angerufenen liegt. Wenn eine Messerfabrik Schlachtereien gelb-grüne Hackebeile am Telefon anbietet, ist diese Grundbedingung erfüllt. Versucht ein Finanzdienstleister bei den Schlachtereien hingegen Kaffeebohnenfonds aus Sibirien zu verkaufen, handelt es sich hingegen um eine verbotene Aktion.

Im Rahmen der Direktwerbung soll das Telefonmarketing unter dem Aspekt einer Outbound-Aktivität diskutiert werden. Hierunter versteht man, dass das Unternehmen seine potenziellen Kunden anruft; im umgekehrten Fall, wenn der potenzielle Kunde das Unternehmen anruft, spricht man vom sogenannten Inbound.

Das Outbound kann im B2B sehr gut als Direktwerbeinstrument eingesetzt werden, wenn

- der Bedarf eines (potenziellen) Kunden ermittelt,
- ein Termin für einen Außendienstbesuch vereinbart oder
- Produkte direkt verkauft werden sollen.

Bedarfsermittlung

Die Bedarfsermittlung dient dabei letztendlich der Vorbereitung weiterer Vertriebsaktivitäten. Die Informationen in der Datenbank können aktualisiert und ergänzt werden.

Terminvereinbarung

Die Terminvereinbarung kann vom Vertriebsmitarbeiter selbst oder auch von Dritten durchgeführt werden. Im ersten Fall kann die Vertriebskraft den Kontakt mit dem (potenziellen) Kunden schon aufbauen und sich im ersten persönlichen Kennenlerngespräch darauf beziehen. Wenn Dritte den Termin vereinbaren, nutzt die Vertriebskraft ihre Arbeitszeit zur Durchführung der Vertriebstätigkeit anstatt zur Vorbereitung.

Verkauf

Der Verkauf eines Produktes am Telefon bietet sich immer dann an,

- wenn das Produkt bekannt,
- sein Wert und seine Bedeutung geringer (= C-Teile)
- und der Bedarf eher wiederkehrend ist.

6.3.1 Entwicklung einer Telefonmarketing-Konzeption in 5 Schritten

Eine erfolgreiche Outbound-Aktion benötigt eine Telefonmarketing-Konzeption. Eine solche Konzeption wird in fünf Schritten erstellt:

1. Definition der Zielsetzung

Was soll erreicht werden? (z. B.: Von einer Liste von 50 Stanz- und Umformbetrieben 8 bis 10 Termine für den nächsten Monat vereinbaren)

2. Bestimmung des Anzurufenden

Wer soll angerufen werden? Welches Segment? Wer sind die Ansprechpartner? Welche Qualifikationen und Vorbildung haben diese?

Je genauer die Anzurufenden beschrieben werden können, desto genauer können auch deren Bedürfnisse und mögliche Einwände erkannt werden. (z.B.: Stanz- und Umformbetriebe, bei denen in großen Serien gefertigt wird und es keinen Tiefziehprozess gibt - Produktionsleiter, Fertigungstechniker und Werkzeugmacher - Betriebswirtschaftliche Kenntnisse, fundiertes Fachwissen, offen für Innovationen)

3. Festlegung der Informationsinhalte

Was muss der Gesprächspartner wissen? Welche Argumente/ Inhalte werden benötigt?

Die Informationen müssen genau auf die Bedürfnisse des Angerufenen abgestimmt sein. Bei kaufmännischen Leitern werden eher Kostenersparnisse Bedeutung haben, bei Fertigungsleitern oder Produktmanagern können eher technische Argumente von Bedeutung sein. [z. B.: Vorstellung eines neuen ungewöhnlichen Verfahrens zur Beschichtung – Argumente: Schmalbandbeschichtung (erst beschichten, dann stanzen), große Kostenersparnis (im Durchschnitt bis zu 20%), Handlingsvorteile, kundenspezifische Lösung mit umfassender Beratung].

4. Entkräften zu erwartender Einwände

Welche Einwände sind möglich? Wie können die Einwände entkräftigt werden?

In der Regel ist es so, dass der Angerufene nicht auf diesen speziellen Anruf gewartet hat. Deshalb wird er zunächst sein "Revier schützen". Wenn man vorher überlegt hat, welche Einwände möglicherweise am Telefon kommen, kann man diese bei professioneller Vorbereitung gegebenenfalls entkräften. (z. B.: keine Zeit - kein Interesse - Verfahren gerade umgestellt - kein Investitionsbudget vorhanden - Ansprechpartner zur Zeit nicht erreichbar - es besteht ein fester Vertrag mit anderen Lieferanten)

5. Treffen einer Vereinbarung

Welche weiteren Unterlagen werden benötigt? Welche Ergebnisse/ Verabredungen sollen getroffen werden?

Jedes einzelne Telefongespräch wird mit einer konkreten Vereinbarung abgeschlossen. Dies kann eine Terminvereinbarung oder eine Bestellung sein. Um diese Vereinbarung treffen zu können, sind gegebenenfalls noch weitere Informationen/ Unterlagen notwendig. Dies können ein Terminkalender, Entfernungstabellen oder Karten, Produktverfügbarkeiten, Lieferzeiten oder bestimmte Lieferkonditionen sein.

6.3.2 Entwicklung eines Telefonskriptes

Um das Telefongespräch selbst erfolgreich führen zu können, hat es sich in der Praxis bewährt, hierzu ein Telefonskript zu entwickeln. Dies ist nichts anderes als ein – zumindest teilweise ausformulierter – Leitfaden für das Telefongespräch. Ein solches Telefonskript hat insgesamt 6 Phasen:

- Gesprächseröffnung
- Kontaktherstellung
- Kontaktgespräch
- Mögliche Einwände
- Konkrete Abschlussvereinbarung
- Verabschiedung

Im Folgenden werden diese sechs Phasen ausführlich vorgestellt:

Gesprächseröffnung

Die Gesprächseröffnung dient der Vorstellung. Der Angerufene muss wissen, mit wem er es zu tun hat. Die Vorstellung beinhaltet den Vor- und Zunamen, das Unternehmen und die Funktion. Die Nennung des Vornamens dient dazu, das Vertrauen des Angerufenen zu gewinnen.

Kontakt herstellen

Da der Angerufene das Telefongespräch nicht erwartet hat, ist es wichtig, diesen zunächst einmal positiv einzustimmen. Dies geschieht am besten dadurch, dass man ihm direkt ein Kompliment macht – ihn zum Helden werden lässt. Eine andere Möglichkeit ist die, seinen – einmaligen - Sachverstand anzusprechen, ihn also zu befragen.

Wichtig ist es im weiteren Verlauf, einen Aufhänger, eine für den Angerufenen wichtige Begründung für das Telefongespräch abzugeben. In dieser Phase muss der Anrufende das Gespräch führen und fest in der Hand halten.

Kontaktgespräch

Erst an dieser Stelle ist zu unterscheiden, ob das Telefonat mit der Bedarfsanalyse, der Terminvereinbarung oder der Absicht des Verkaufs geführt wird.

Bei der *Umfrage/ Bedarfsanalyse* wird kurz die Dauer und der Umfang darstellt. Wichtig in dieser Phase ist der Abbau von Ängsten und Misstrauen. Den Zeiteinsatz betreffend, ist generell von wenigen Minuten bis zu 10 Minuten auszugehen, wohlwissend, dass das Telefonat jedoch auch eine halbe Stunde dauern kann.

Beim *Verkauf* gibt es zahlreiche Techniken, um den Einstieg in das Kontaktgespräch zu finden. Die beiden folgenden sind die erfolgsversprechendsten. Bei der Technik der Problematisierung/ des Nutzenversprechens wird *ein* entscheidender Punkt herausgearbeitet. Zum Beispiel:

"Aus einer neuen Untersuchung geht hervor, dass das wichtigste Kennzeichen für ein e-payment-System die Zuverlässigkeit des Trust-Centers ist - ist das auch Ihre Meinung?"

Hier wird der Finger also in die Wunde gelegt. Alternativ kann diese Technik auch mit einer Frage eingeleitet werden.

"Was erwarten Sie von ...?"

Dieses Nutzenargument wird dann aufgenommen und in der eigentlichen Präsentation wiederholt.

Mit dem Basisangebot und der Vorteilsstrategie wird über das Standardangebot hinaus ein besonderer Vorteil mitangeboten. Dies kann ein Kosten- oder Zeitvorteil sein, aber auch ein besonderer Nutzen.

"Heute kann ich Ihnen ein besonderes Angebot machen. Das e-payment GTX, welches gerade von der ... Bank ... als besonders zuverlässig ausgezeichnet wurde ..."

Bei der *Terminvereinbarung* im Rahmen sogenannter kalter Adressen, also bei Interessenten mit denen bisher kein Kontakt bestand, werden wichtige Informationen bezogen auf den Verantwortungsbereich des Angerufenen angekündigt. Diese kann ggf. mit *einem* Vorteil verbunden werden. Allerdings darf an dieser Stelle nicht zu viel verraten werden, weil man sich ansonsten in die Gefahr begibt, schon hier ein Beratungs- oder Verkaufsgespräch zu führen.

"Herr ... für die Produktion von Getrieben gibt es wichtige Neuentwicklungen, die ich gerne einmal mit Ihnen persönlich diskutieren möchte."

Wenn der Angerufene schon einmal Kontakt mit dem Unternehmen hatte – Prospekt- oder Kataloganforderung, Messebesuch, o. ä. - kann man sich auf diese Aktivität beziehen.

Zweifelsohne ergibt sich das beste Telefongespräch dann, wenn man sich in der Kontaktphase auf eine Empfehlung beziehen kann.

"Herr ... von der Firma ... hat mich gebeten, mit Ihnen einen Präsentationstermin zu vereinbaren, da er der Meinung ist ..."

Mögliche Einwände

Zusammengefasst gibt es nur drei mögliche Einwände. Keine Zeit, kein Interesse oder wir sind versorgt. Die größten Fehler, die an dieser Stelle gemacht werden können, sind die, einfach aufzugeben oder das andere Extrem - eine Diskussion anzuzetteln. Richtig agiert man in diesem Fall, indem konsequent das eigentliche Ziel weiter verfolgt wird. Hier haben sich einige Standardformulierungen in der Praxis bewährt:

Worum geht's denn/ Ich habe keine Zeit ...

"Ich möchte Ihnen einige Unterlagen über ... aufzeigen. Sie können dann selbst entscheiden, ob das für Sie interessant ist. Ich brauche nicht mehr als 7 Minuten."

Kein Interesse

"Das habe ich auch nicht erwartet, Herr ... , wenn Sie auch im Moment noch kein Interesse haben, so möchte ich Sie nur über ... informieren. Ich brauche dafür 6 Minuten. Sie können danach entscheiden, ob es für Sie interessant ist."

Wir sind versorgt, wir brauchen nichts ...

"Das ist ausgezeichnet, Herr ... , dann kennen Sie ja die Schwierigkeiten, die ... mit sich bringt. Sie sind gewiss auch daran interessiert, noch zusätzliche Informationen/alternative Lösungen zu bekommen. Es dauert 6 Minuten. Sie können dann entscheiden, ob es für Sie etwas bringt."

Wichtig ist es zudem, dass der nächste Schritt – die Abschlussvereinbarung - gleich eingeleitet wird.

Abschlussvereinbarung

Bei der Abschlussvereinbarung muss wieder zwischen der Bedarfsanalyse, der Terminvereinbarung bzw. dem Verkauf unterschieden werden. Grundsätzlich gilt aber, dass bei der Abschlussvereinbarung immer konkrete Alternativen vorgeschlagen werden. Der Anrufer hat so das Heft des Handelns selbst in der Hand, überlässt die Entscheidung aber dem Angerufenen.

a) Umfrage/ Bedarfsanalyse

"Für weitere Fachinformationen ist in Ihrer Region unser Kundenmanager Herr ... zuständig. Wann soll er Sie einmal anrufen, damit er sich bei Ihnen vorstellen kann? Vor oder nach der Messe? ... Lieber vormittags oder nachmittags? ..."

"Sie haben mir sehr weitergeholfen - vielen Dank dafür. ... Darf ich Sie wieder anrufen, wenn ich ähnliche Problemstellungen habe?"

"Zur weiteren Information könnte ich Ihnen unsere Broschüre über ... oder über ... zusenden. Welche würde Sie denn mehr interessieren?"

b) Verkauf

Beim Verkauf können die Alternativen sich auf das angebotene Produkt selbst [(Was? Wie?, den Liefertermin (Wann?) oder die Menge (Wieviel?)] beziehen.

Was? - "Bevorzugen Sie das Material 1 oder wäre das Material 2 geeigneter für Ihre Wunschlösung?"

Wie? – "Wollen Sie die Wärmepumpe in der Produktion aufstellen, oder wäre für Sie die Lagerlösung sinnvoller?"

Wann? – "Wann wäre für Sie der günstigste Zeitpunkt für die Installation, im Verlauf dieser Woche oder nächste Woche Dienstag?" – "Passt Ihnen der Termin morgen Vormittag um 11:00 Uhr oder wäre für Sie Donnerstag Nachmittag angenehmer?"

Wieviel? – "Wollen Sie nur Ihr Gebäude A anschließen oder wäre es für Sie sinnvoll, die Gebäude B und C gleich mitanzuschließen?"

Mit der Projektions-Technik/ Nachteils-Methode wird der Vorteil für den Kunden auf jetzt, und zwar als letzte Gelegenheit und nur noch heute, projiziert.

"Wer weiß, ob die Leistung für Sie morgen noch zur Verfügung gestellt werden kann, da das Netz schon heute fast überlastet ist."

Alternativ kann man dem Kunden vorrechnen, welcher Vorteil im entgeht, wenn er jetzt nicht zugreift.

"Wenn Sie heute nicht zugreifen, bedeutet das für Sie jeden Tag einen Verlust von ... das sind im Monat ... € weniger Gewinn und im Jahr..."

c) Terminvereinbarung

Bei der Terminvereinbarung werden dem Angerufenen zwei unterschiedliche Termine angeboten. Dabei muss es sich allerdings um wirkliche Alternativen handeln.

"Passt Ihnen am ... um ... ? Oder sollen wir uns lieber am ... um ... treffen?"
"Wollen wir Dienstag um ... festhalten, oder ist es Ihnen am Donnerstag Nachmittag lieber?"

"Ich bin am ... in Ihrer Nähe, wollen wir uns am ... um ... zusammensetzen, oder passt es Ihnen am ... um ... besser?"

Verabschiedung:
Dieser Gesprächsteil ist kurz. Gegebenenfalls kann die Abschlussvereinbarung noch einmal wiederholt werden:

"Herr ... , ich freue mich auf unser Gespräch am ..."!

"Vielen Dank für Ihr Vertrauen. Mit ... haben Sie eine erstklassige Wahl getroffen ..."!

6.4 Internetbasiertes Direktmarekting

6.4.1 Besonderheiten des WorldWideWeb (www) als Direktwerbeinstrument im B2B

Die Dienste des Internet ermöglichen den Unternehmen neue, effizientere Formen der Kommunikation. Über Computernetze werden Unternehmen miteinander verbunden. Sie ermöglichen die Präsentation von Informationen (z. B. über eine Homepage), den Verkauf und die Distribution von Produkten (in einem Online-Shop) oder ersetzen den Brief (z. B. über E-Mail).

Als Direktmarketinginstrument eingesetzt, gilt es eine grundlegende Besonderheit zu beachten: Im konventionellen Marketing geht die Kommunikation von den Anbietern aus. Informationen werden dem Markt, der Zielgruppe zur Verfügung gestellt, in den Markt "gedrückt" (Push-Prinzip). Dies kann durch das Schalten einer Anzeige in einer Fachzeitschrift geschehen. Im Internet hingegen geht die Informationsinitiative vom Nachfrager aus. Dieser entscheidet bewusst, wann, wie lange, wo und wie er sich mit einer Information befassen will. Der User "zieht" die für ihn wichtigen Informationen zu sich (Pull-Prinzip).

Die beiden wichtigsten Dienste für Unternehmen im B2B sind das WorldWideWeb (www) und der E-Mail-Dienst. Dabei sind beide Dienste weit mehr als nur ein Direktmarketinginstrument. Sie betreffen die Strategie des Unternehmens und damit auch das komplette Marketing-Mix. In diesem Buch alle Möglichkeiten des Internet als Marketinginstrument im B2B zu diskutieren, würde deshalb den Rahmen bei weitem sprengen und auch am Thema vorbeigehen. An dieser Stelle muss deshalb auf die entsprechende weitere Fachliteratur in der Literaturliste verwiesen werden.

Wichtig ist aber, dass die Unternehmen im Rahmen ihres Auftrittes im www den Interessenten genügend einfache und bequeme Dialogmöglichkeiten anbieten und sie zum Dialog motivieren. Die Response-Instrumente, die hierzu eingesetzt werden können, wurden bereits in Kapitel 5 vorgestellt.

6.4.2 E-Mail und E-Mail-Newsletter

E-Mail ist das zeitversetzte elektronische Senden und Empfangen von Nachrichten. Es dient vor allem der raschen persönlichen, individuellen Kommunikation. Die E-Mail kann aber auch dazu genutzt werden, eine Nachricht schnell an eine größere Zahl von Empfängern zu senden.

Der E-Mail Dienst ist der vor dem www am meisten genutzte Dienst. Er ermöglicht in Sekundenschnelle und äußerst preisgünstig die Kommunikation mit Partnern in der ganzen Welt. Informationen können in verschiedensten Dateitypen angehängt werden. Außerdem ist bei E-Mails ein(e) zeit- und anwesentheitsunabhängiger Versand und Zustellung möglich.

Die E-Mail ist ein Instrument, das hauptsächlich zur Beziehungsentwicklung und zur Beziehungspflege eingesetzt werden kann.

Es gibt zahlreiche Einsatzmöglichkeiten der E-Mail in der B2B-Kommunikation:
- allgemein als Newsletter
- Produktverkauf
- Ersatzteile und Zubehör
- Cross-Selling
- Status-Mail
- Auftragsabwicklung
- Lieferung
- Reklamation
- Zufriedenheitsumfrage (z. B. 10 Tage nach Lieferung)
- Freundschaftswerbung
- u.v.m.

Aber auch wenn Informationen schnell an eine geschlossene Gruppe verschickt werden müssen, ist die E-Mail das richtige Instrument. Bei unerwartet auftretenden Problemen mit dem Einsatz des Produktes oder dem plötzlichen Ausscheiden eines Außendienstmitarbeiters können die Kunden kurzfristig informiert und möglicher weiterer Schaden vermieden werden.

Eine besondere Einsatzform, die insbesondere für die B2B-Kommunikation höchst interessant ist, ist der Newsletter, eine elektronische Kundenzeitschrift.

Ein Newsletter sollte regelmäßig erscheinen, wobei die Art der Regelmäßigkeit irrelevant ist. Im B2B ist die monatliche bzw. vierteljährliche Erscheinungsweise praktikabel.

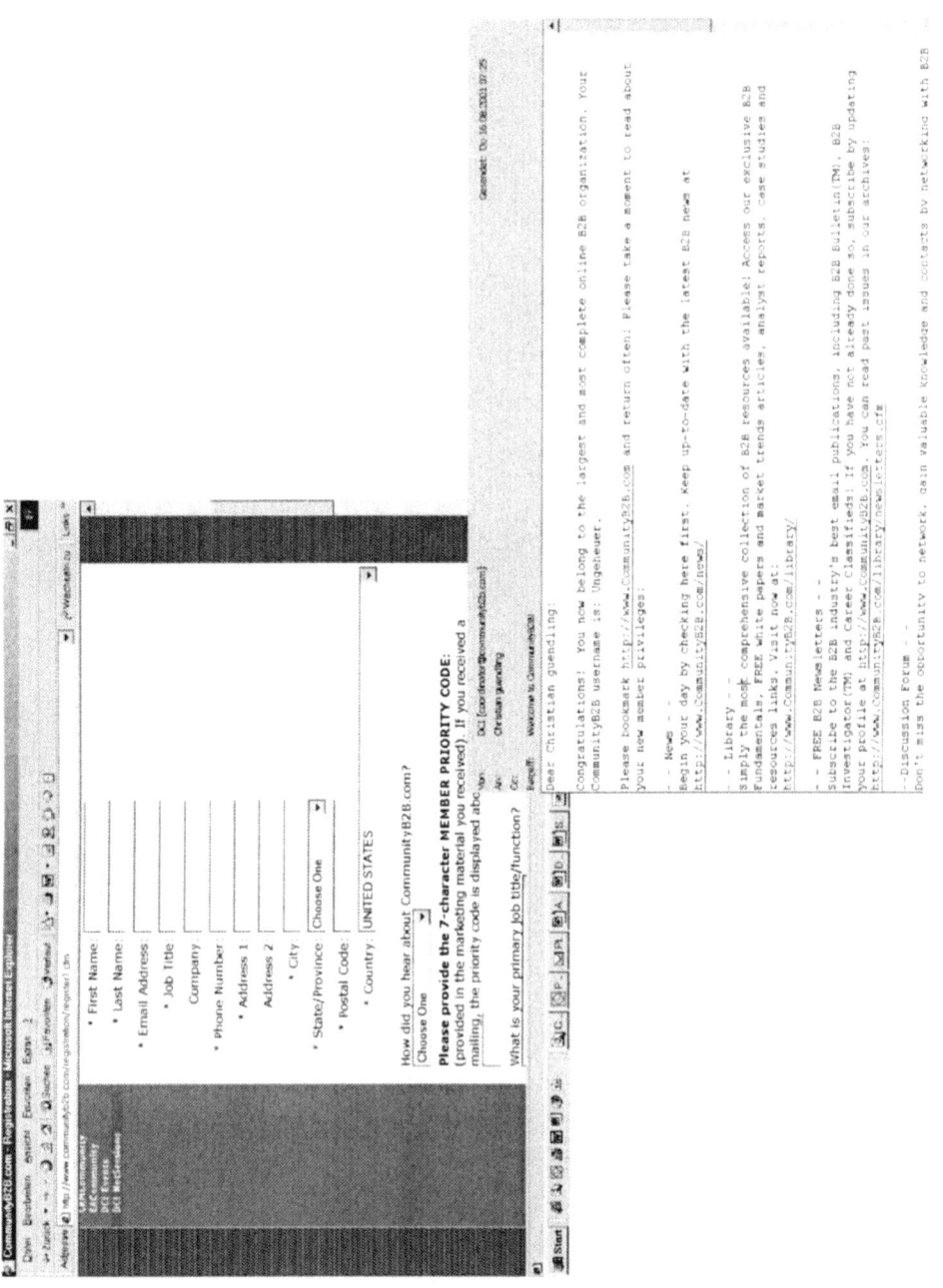

Bild 13: Beispiel eines Newsletters

Wie das Beispiel zeigt, können Interessenten und damit Empfänger eines Newsletters über einen entsprechenden Button auf der eigenen Homepage gewonnen werden. Durch regelmäßige Informationen kann so die Attraktivität des eigenen Angebotes für Interessenten verbessert und die Kaufentscheidung der Kunden bestätigt werden.

Inhalte eines Newsletters können die Folgenden sein:

- Informationen über Produkte und Dienstleistungen
- Bekanntmachung von Produktentwicklungen und Produktinnovationen
- Vermittlung von Branchen-News
- Kundendienst bzw. Support für selbst produzierte oder vertriebene Produkte (z. B. Änderung der technischen Spezifikation)
- Mitteilung über Ereignisse im Unternehmen
- Sonderaktionen (Sonderangebote, Grundlage für Rabatte bilden)
- Bekanntgabe von Terminen (Hausmesse, Messebeteiligungen, Road-Shows, Infostände)
- Aufforderung zur Kommunikation mit dem Anbieter

Literaturverzeichnis

Um eine schnelle Vertiefung eines Themas zu ermöglichen, sind die Literaturhinweise nach Hauptkapiteln geordnet

Die Idee des Werkes

Gündling, Christian: Warum Direktmarketing im B-to-B immer wichtiger wird, Kap. 1.2.6 in: Gündling, Christian: Erfolg durch Direktmarketing. Praxishandbuch für mittelständische Unternehmen im B-to-B, Neuwied: Hermann Luchterhand Verlag, 2002

Übersichtliche Darstellung zum Thema

Gündling, Christian: Wer den Kunden nicht ehrt ... . Mit effizeintem Service zu mehr Kundenbindung und Kundenzufriedenheit, Stuttgart: Schäffer-Poeschel, 1999
Anleitung für ein effizientes Serviceprogramm und langfristige Kundenbindung. Schwerpunkt: Strategie, Fallbeispiele aus allen Branchen und Märkten

Gündling, Christian: Maximale Kundenorientierung. Instrumente, individuelle Problemlösungen, Erfolgsstories, Stuttgart: Schäffer-Poeschel, 1997^2
Umfassende Darstellung des unternehmerischen Erfolgsfaktors Kunde, ausführliche Erläuterungen zum Individuellen Partnetschafts- und Direktmarketing

Holland, Heinrich: Direktmarketing, München: Vahlen 1992
Direktmarketing von der Planung über die Zielgruppenauswahl und Werbegestaltung bis zur Erfolgskontrolle mit dem Schwerpunkt schriftliche Werbung

Kotler, Philip/ Bliemel, Friedhelm: Marketing-Management. Analyse, Planung, Umsetzung und Steuerung, Stuttgart: Schäffer-Poeschel, 1995^9
Umfassender, immer aktueller Klassiker des Marketing-Management. Schwerpunkt: Strategie und ihre Umsetzung

Kreutzer, Ralf T.: Direct-Marketing für Investitionsgüter, S. 400 – 411, in: Droege, Walter: Strategien für Investitionsgütermärkte, Landsberg/ Lech: Verl. Moderne Industrie, 1993
Einführender Artikel zum Thema, guter Ansatz der Kundenselektion

Grundlagen der Kommunikation im B2B

Groenewold, Holger: Der Einsatz der Blickaufzeichnungstechniken zur Leistungsmessung von Anzeigen im Business to Business, unveröffentlichte Diplomarbeit bei Prof. C. Gündling, 2001
Untersuchung der Betrachtung von Anzeigen aus Fachzeitschriften der Elektro- bzw. Elektronikbranche

Kroeber-Riel, Werner/ Weinberg, Peter: Konsumentenverhalten, München: Vahlen 1996[6]
Der Klassiker zur Erklärung des Konsumentenverhaltens mit zahlreichen Hinweisen auch auf die Besonderheiten des B2B

Pepels, Werner: Grundlagen der Beschaffung im B-to-B, Kap. 3.2 in: Gündling, Christian: Erfolg durch Direktmarketing. Praxishandbuch für mittelständische Unternehmen im B-to-B,
Neuwied: Hermann Luchterhand Verlag, 2002
Darstellung der verschiedenen Phasen des gewerblichen Beschaffungsverhaltens und Ableitung der Konsequenzen für das Direktmarketing

Salzwedel, Martin: Die Vorgehensweise des erfolgreichen Verkäufers, Kap. 3.2 in: Gündling, Christian: Erfolg durch Direktmarketing. Praxishandbuch für mittelständische Unternehmen im B-to-B,
Neuwied: Hermann Luchterhand Verlag, 2002
Umfassende Darstellung der Erfolgsfaktoren eines exzellenten Verkäufers als Maßstab für erfolgreiche Kommunikation im B-to-B

Watzlawick, Paul / Beavin, Janet H. / Jackson, Don D.: Menschliche Kommunikation, Bern: Verlag Hans Huber, 1996 9., unveränderte Auflage
Klassiker der Kommunikation. Lebendig geschriebenes Buch, welches die theoretische Grundlage der Kommunikationspsychologie vermittelt. Enthält auch zahlreiche Tipps für den Verkaufsalltag

Kundendatenbank und Adresse

Gündling, Ute: Grundlagen Database-Marketing – Die Database im Direktmarketing, Kap. 4.2 in: Gündling, Christian: Erfolg durch Direktmarketing. Praxishandbuch für mittelständische Unternehmen im B-to-B, Neuwied: Hermann Luchterhand Verlag, 2002

Grundlagenartikel, der das Thema in seiner ganzen Komplexität anschaulich zusammenfasst

Link, Jörg/ Hildebrand, Volker G.: Grundlagen des Database Marketing, S. 15 – 38, in: Link, Jörg/ Brändli, Dieter u.a. (Hrsg.): Handbuch Database Marketing, Ettlingen: IM Fachverlag Marketing-Forum 1997

Dieser Artikel bietet einen hervorragenden, theoretisch fundierten, allgemeinen Einstieg in das Thema

Winkelmann, Peter: Vertriebskonzeption und Vertriebssteuerung, München: Vahlen-Verlag, 2000

Jetzt schon ein neuer Vertriebsklassiker

Zielsetzung, Response und Erfolgskontrolle

Deutscher Direktmarketing Verband (DDV):Anzeigen mit Response – Di-rektmarketing in Printmedien 1998, unter Service / Marktstudien, 2001, Internet Adresse http://www.ddv.de

Deutscher Fachverband des Direktmarketing

Gündling, Christian: Gewinnspiele, Geschenke und Give-Aways, Kap. 7.3 in: Gündling, Christian: Erfolg durch Direktmarketing. Praxishandbuch für mittelständische Unternehmen im B-to-B,
Neuwied: Hermann Luchterhand Verlag, 2002

Zusammenfassende Darstellung, die Einsatzmöglichkeiten dieser Verstärker im B2B aufzeigt.

Link, J./ Schleuning, C.: Das neue interaktive Direktmarketing, Ettlingen 1999

Gut strukturiertes Grundlagenwerk, welches den Dialog in den Vordergrund stellt

Anzeigen in Fachzeitschriften

Becker, Horst R.: Industriewerbung, Praxis der Marktkommunikation für technisch-industrielle Produkte und Leistungen,
Würzburg: Vogel-Verlag, 1981
Älteres Werk, aber immer noch lesenswertes Werk zum Thema

Knor, Gerhard: Werbung in Tageszeitungen und Fachzeitschriften,
Band 6, Wien: Service Fachverlag an der Wirtschaftsuniversität, 1988

Mailing

Schantz, Klaus: Das Mailing: Der schriftliche Verkäufer, Kap. 5.3 in: Gündling, Christian: Erfolg durch Direktmarketing. Praxishandbuch für mittelständische Unternehmen im B-to-B,
Neuwied: Hermann Luchterhand Verlag, 2002
Grundlagenartikel mit zahlreichen Tipps für die Praxis von dem deutschen Fachmann für schriftliche Kommunikation

Möglichkeiten des Telefonmarketings als Direktwerbeinstrument

Boos, Josef, N./ Wagner, Petra: Telefon-Marketing in der Investitionsgüterindustrie erfolgreich einsetzen, Ettlingen: IM-Verlag 1997
Ein Praxisleitfaden mit zahlreichen Checklisten und Arbeitshilfen

Internetbasiertes Direktmarketing

Pispers, Ralf/ Riehl, Stefan: Digital Marketing,
Bonn: Addison-Wesley-Longman, 1997
Umfassende Darstellung der Funktionsweisen, Einsatzmöglichkeiten und Erfolgsfaktoren multimedialer Systeme

Steimer, Fritz: Mit eCommerce zum Markterfolg,
München: Addison-Wesley-Longman, 2000
Konkreter Handlungsleitfaden für Planer und Entscheider, die sich mit dem Thema beschäftigen

Zum Autor

Christian Gündling ist Professor für Strategisches Marketing, Direktmarketing und CRM mit Schwerpunkt Business to Business an der FH Wilhelmshaven, Fachbereich Wirtschaftsingenieurwesen.

Von 1987 bis 1994 war er bei der Bertelsmann AG als Marketing-Direktor und Geschäftsleitungsmitglied Vertrieb tätig, danach als Marketing- und Vertriebsleiter International in der Geschäftsleitung bei FRIWEG, einem mittelständischen Direktvertriebsunternehmen im Business-to-Business. 1995 hat er die Marketing- und Vertriebsberatung GÜNDLING DIREKT gegründet.

Forschungsschwerpunkte:

Entwicklung und Umsetzung von Marketing- und Vertriebsstrategien für mittelständische Unternehmen im Business-to-Business, Direktmarketing und CRM, Vertriebsorganisation und Vertriebssteuerung.

Tätigkeitsschwerpunkte:

Beratung von mittelständischen Unternehmen zu Marketing- und Vertriebsfragestellungen, Vorträge (auch in Großunternehmen), Seminare (u.a. bei der Deutschen Post), Entwicklung und Leitung des Verkaufsleiterlehrganges des RKW-Baden-Württemberg.

Veröffentlichungen:

Neben zahlreichen Artikeln und Aufsätzen hat C. Gündling die Bücher „Maximale Kundenorientierung" (Schäfer-Poeschel-Verlag, Reihe der Wirtschaftswoche, 2. Auflage 1997), „Wer den Kunden nicht ehrt ..." (Schäffer-Poeschel-Verlag 1999) und „Aufgaben des Vertriebsleiters im 3. Jahrtausend" (RKW-Verlag 2000) veröffentlicht. Außerdem ist er Herausgeber der Loseblattsammlung „Erfolg durch Direktmarketing - Praxishandbuch für mittelständische Unternehmen im B-to-B", welches 2002 erschienen ist.

Printed by Libri Plureos GmbH
in Hamburg, Germany